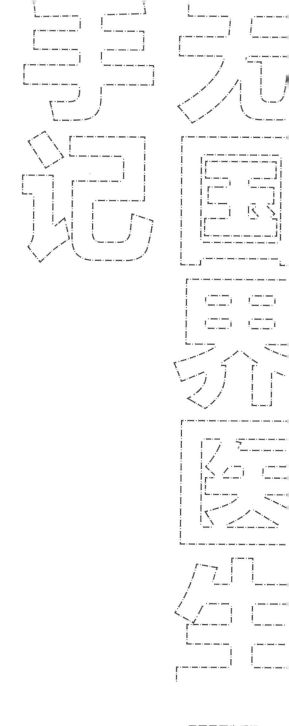

无国界医生手记

无国界医生救援人员　著

CTS K 湖南科学技术出版社·长沙

序一

汇聚理想的微光

写这篇序言之前，我正好和两位中国内地的第一批无国界医生救援人员聚会，虽然是第一次见面，却仿佛认识许久的故人，沟通交流时有一种奇异的默契。听他们聊起出任务的种种，我好像又回到了在阿富汗和巴基斯坦的日子，而在他们眼中，我看到的是熟悉的光芒。

时隔数年，《无国界医生手记》再次出版，除了那些曾经让我心潮澎湃的老无国界医生的故事，我看到了更多来自中国内地的名字。这些名字里，很多是我所熟悉的队友，他们的故事我听过多次，每次重温却依然有全新的感受和收获。我也看到了更多的新鲜血液注入，他们的描述带我回到了我的第一次任务体验，兴奋、紧张、疲劳甚至是挣扎，当然还有无比的满足感。一切都如此熟悉。

这种熟悉，我想就是无国界医生的最重要特质之一吧。这特质不由一些细节化的规章、流程所设定，而是来源于一种共同的价值观和彼此之间的认同感，那就是人道关怀和理想主义的情怀。这种人道关怀最可贵的地方在于，它不因政治、宗教等因素而偏倚，而是源于最朴素的人类情感和文明，着眼于人们最根本、最迫切的需要。这关怀，贯穿于《无国界医生手记》里的一个个故事，并毫无阻碍地传递给读者，相信一定会鼓舞更多具有类似特质、怀揣同样理想的人们投身于人道救援活动。

记得我被问过最多的问题就是："为什么要加入无国界医生去国外参与人道救援，身边不是也有很多需要帮助的患者吗？"我同意，即便在当今经济高速发展的中国，也有很多地处偏僻的乡村存在严重的医疗资源不足，而只要有像无国界医生一样的组织召唤，我也会毫不犹豫地加入。我们在无国界医生里参与的一次又一次任务，除了救助当地的人民，其实也是在为自己储备力量。在无国界医生工作的经历，无论是医疗经验的积累，还是在资源匮乏地区应对挑战和创新的尝试，都会让我们在返回国内的工作岗位时，能够更好地为身边的患者提供日常服务，也使得我们将来有一天得以在消除地域性医疗资源不平衡上贡献自己的一份力量。

我想，这也是这本书的意义和目的所在。它并不是给某一个组织歌功颂德，而是通过这一个个"MSFer"的鲜活经历，传播人道关怀，消除各种边界，让我们回归到"人"的基本需求，汇聚起无数理想的微光，照亮前行的道路。

无国界医生救援人员

蒋励

2023 年 5 月 9 日

序二

人道援助无分界限

执笔时，800多名无国界医生的人员正日以继夜在海地首都太子港内外13个医疗点，为2010年1月12日大地震中数以万计的伤者（当中包括我方员工和医疗项目的患者）提供紧急医疗救援。差不多两年之前，也是一次灾情惨重、死伤枕藉的地震，我跟无国界医生从多处紧急调动过来的医生、护士和后勤人员赶到四川成都，与成千上万来自中国各地的志愿者一起，为灾民提供人道援助。

人道行动，简单而平凡，就是一个人向危难中的另一个人伸出援手，毫不在意彼此的种族、信仰、宗教或政治立场。人道援助无分界限。不论是在界内、界外，不论在海地、中国、索马里还是斯里兰卡，遇上天灾、疫病、武装冲突，无国界医生的医疗及非医疗人员，都致力为最需要援助的人减轻痛苦。

我们非常高兴可以通过这本书给中文读者分享来自各地的无国界医生救援人员的心声。里面的文章都是参与人道工作人员的亲身经历。读者既能看到一个中国人如何为苏丹的人群提供医疗援助，而他的苏丹同事，又如何为战火中的伊拉克伤病者出一份力。凸显纸上的，不是作者们的国籍、身份或工作之所在，而是他们各自在描述所从事的人道行动时，都如斯谦逊、不为私己。

　　我于 1984 年初到中国生活和学习汉语，当时中国刚对外开放不久。今天，中国的影响力已遍及全球。我希望这本书能鼓励更多中国人参与人道工作，无论是通过进一步的主动认识，还是加入到救援人员的行列里。

无国界医生国际办事处秘书长

杜森（Kris Torgeson）

2010 年 1 月 24 日于日内瓦

序三

"人道"是实实在在的行动

"医生，你来自日本还是韩国？"

"都不是呢。我从香港来，是中国人。"

每次我远赴海外从事无国界医生的志愿工作时，总会遇到上述的提问。我这张东方脸孔让人误以为是日本人或韩国人，也许说明了到目前为止，中国人参与国际人道援助行动还不太普遍。

中国人有句老话："四海之内皆兄弟。"引申而言，就是视所有人如同手足，对他们的伤、病、痛、苦，感同身受。念医科时我明白了医学的产生和发展，始自一种信念，就是人渴望帮助那些伤病的、受痛苦煎熬的人。这源于人与人之间最根本的恻隐之心。无国界医生抱着中立不偏的原则提供紧急医疗，为的就是要帮助那些不幸的伤病者，不论男女老幼，不分种族、宗教、政治背景，我们都一视同仁。

在人道灾难的前线进行救援很不容易，大家从本书里可见一斑。参与者有时甚至感到很辛苦。那种苦，不在于工作本身，而是来自目睹天灾人祸所造成的苦难。这种辛苦的感觉往往成为一种召唤，不断推动无数医护专业人员和其他的工作人员无远弗届地在这条支援远方的生命线上努力不懈，是这种被呼唤起的责任感，驱使救援人员一而再地暂时放下自身的事业和家庭，到前线尽心尽力。

人道精神并非只是单纯的慷慨或善举。对无国界医生来说，"人道"不是口号，也不是抽象的理论，而是实实在在的行动。人道行动也不是为了竞争谁的手术做得最多、帐篷搭得最快。人道行动为的是救助危难中的人，减轻他们的痛苦，协助他们恢复自主能力，可以有尊严地活下去；无法挽救的，也使他们得以拥有着人的尊严离世。

每个人都能够关怀不幸者并向危难中的人伸出援手，不论你是医护专业或者非医护人士。无国界医生香港办事处是一道门，方便亚洲地区的有志者参与这一民间组织的国际人道救援工作。很高兴有机会与中国内地的读者分享这本书。书中所有的作者都身体力行地参与了人道援助，他们的每一个故事，都是有关人道的故事。人道，也就体现在他们对生活的态度里。

无国界医生香港董事会主席
范宁
2010 年 9 月 9 日于香港

序四

从侧面看人道工作

2001 年 1 月，无国界医生救援人员格康尼（Kenny Gluck）在车臣被武装分子掳走，音讯全无，生死未卜。当时尚有另一名救援人员在哥伦比亚被绑架未获释。整个组织忧心忡忡，尽力营救。就在这时候，我偶然读到格康尼在出事前一年写给无国界医生决策层的一篇文章，深为震动。

文章洋洋数千字，力陈无国界医生为什么应该留在车臣工作。它列举了内战爆发以来车臣平民的苦难，分析北高加索地区局势的严峻（1994—2000 年已有多名外国救援人员遇害，曾遭绑架的有 50 多人）。当时绝大部分的救援组织已因安全理由撤离。"正因为危险，困苦中的人就更缺乏支援，更需要人道援助。"据理力争，铿锵有声。大抵说服了众人吧，项目得以维持，许多人受益，他却不幸身陷自己预料的险境。

是什么样的人明知危险，却自愿地走进原不属于他们的天灾人祸？是什么驱使他们面对重重阻挠困乏，依然坚持？我开始留意这些前线人员，聆听他们的故事，细读他们的书信，透过他们的眼睛看危困中的人群，并决定结集让更多人能从侧面了解人道工作和从事人道工作的志愿者。

　　无国界医生工作的地区多缺乏电力供应，工作队日落而息；战乱和偏远的地域也没什么娱乐。饭后睡前与休息日都适宜写长信。本书选取了部分书信和电子邮件，另外也向一些志愿人员约稿。或许因为有了时空的距离，毋须担心对当时当地的项目造成意想不到的影响，大家实话实说，对实际行动中遇到的冲击、挫败、困惑、惊惧或喜悦，畅所欲言。

　　参与前线工作的救援人员每年两三千名。能直接联络上并取得手稿的，都与香港有关。他们或直接参与无国界医生香港办事处的发展，或经由无国界医生香港办事处招募派往前线，或亲身在香港的越南船民营工作过，又或曾到访香港介绍其从事的项目。手稿都是原作者个人的心声，不代表组织立场，而且个人经验必然受时空局限的影响，本书特为每篇手稿提供背景资料以供参考。

　　在数码相机未流行的年代，要取得前线工作、生活的影像实录，很不容易。兵荒马乱环境下前线人员要自保还要工作，自然顾不上拍照。于落后地区买胶卷、冲晒胶片、保存底片，有一定难度；也有过邮递遗失或紧急撤离什么都拿不走的情形。偶尔，行动中心或地区办事处有人员到访，才采集得一鳞半爪的光影。幸蒙多位出入灾区、疫区、战区的专业新闻摄影师，允许无国界医生使用他们的作品，本书才得以在救援人员私人照片与办事处档案之外，添上大师镜头下的影像，让读者一睹救援前线的实况。

本书从构想到与中国内地的读者见面，为时近十年。这个原是工作之余的"宝贝作业"，进度非常缓慢，从 2001 年征集稿件至在香港初版，就用了 3 年。其间得到各方朋友帮助，不胜感激，尤其是促使结集成书的江琼珠、建构全书肌理的许迪锵，和给予了初版面貌的黄志辉。

感谢湖南科学技术出版社让本书中文简体字版得以面世。为此我们特地向几位曾在中国工作的海外人员约稿，又邀得参与无国界医生海外工作的首位中国内地医生和首位中国内地后勤人员执笔。

过去 10 年，国际形势有很大变化，人道工作者的人身安全受到更多威胁，组织内的分工也有变更，本版内容因而有所修订，除添加一些较近期的文稿外，也扩充了附录。

本书中文简体字版在制作过程中，得蒙以下各位帮忙翻译、校对、中文打字、搜集插图等，谨此致谢：薛广建、陈广慧、陈淑华、吴艳霞、张楚勇、陆航宇、赵捷、李怀秋及众摄影师。人数众多，不能尽录，如有遗漏，恳请见谅。

策划人
龙欣欣
2010 年 9 月 15 日于香港

目录

从旁观到投入

救援日与夜

在痛苦中回忆

一些人，一些事

成长的旅途

从中国走向世界

潘 渊

那一天，我的心情特别好，所有的后勤努力可以用一个字来形容：值！

国际医疗人道救援组织无国界医生，自1971年成立以来，已发展成为目前最具规模的独立医疗救援组织之一，共有6个行动中心，24个地区办事处。每年，来自100多个国家和地区的数千位救援人员，连同项目所在地聘请的超过3万名本地员工，在约70个国家和地区里为武装冲突、疫病、自然或人为灾难的受害者，及被主流社会排斥而得不到基本医疗服务的人们提供援助。

国际救援人员当中，近六成为医生、护士和医疗辅助人员，其余为后勤及行政人员等。因应项目的需要，任务为期长短不一，部分救援人员一年里可能先后承接不同的任务。无国界医生重视有志的新人参加。每年，救援人员出发承担海外任务的总人次达三四千，而首次出发的救援人员人数多年来都能维持在总人次的四分之一以上。本文作者是来自中国内地的首位无国界医生救援人员。

潘渊　　后勤人员

我从 1998 年起先后在中国、苏丹、孟加拉国、塞拉利昂、乌兹别克斯坦、缅甸等地参与无国界医生的工作。

我希望这份回忆能激起大家对生活在贫穷、战乱和疾病中的人们的关注，了解无国界医生救援人员的生活和工作；同时，也借此纪念那些为了医疗人道援助事业而献出自己的心力甚至生命的同事。每当我回想到这些同事的时候，他们的无私、勇气和义无反顾总是激励着我，让我不断告诉自己，要继续前行。每当想到那些受苦受难的人们，我知道我们所做的还远远不够。

最后，必须感谢我的父母、其他家人和朋友，特别是我的妻子，感谢他们一直在背后给予我理解和支持。

　　我出生在云南省昆明市，1997 年毕业于云南大学计算机系。那时的我和很多 20 多岁的同龄人一样，对未来充满了希望和幻想，同时却不知道在无限的憧憬后面，自己最想从事怎样的事业。不想一辈子过朝九晚五打工族的生活，希望趁年轻时干些有意义的事情，也想出国留学，用自己的眼睛去看看这个世界。于是我决定只身一人到北京学习英语，虽然这是我最差的一门学科。

　　1998 年底我回到昆明，准备英语考试申请留学。其间，在无国界医生任职翻译的朋友告诉我，无国界医生正在招一个短期翻译，需要到国内发生洪灾的地区工作。当时我也一直在关注灾情和救灾的新闻，希望能贡献一份自己的力量，同时也想要锻炼英语，于是决定一试。没想到的是，这竟然成了我人生中一个最有意义的决定。

　　随后三个多月，我和无国界医生的工作队辗转于湖南、湖北的受灾乡镇。作为翻译，我可以在第一线与民众交流。在目睹了很多受灾老百姓的苦难的同时，我也看到了他们的坚强。虽然当时每天累得吃饭都没有胃口，但我却体会到一种从未有过的因帮助他人而产生的满足和成就感。我的英语也在很快地进步，虽然闹过不少笑话，记忆犹新的是自己总不能很准确地翻译数字，总是需要把它们写下来，否则至少会有十倍的误差……

　　我对无国界医生最大的感受，是他们的项目决策不受政治和宗教等人道援助以外的因素影响，而且运作透明，所有决定都基于能否最大程度地解救受苦受难的人们。这让我深深体会到什么是真正的"人道主义"。当时，我们大家大部分时间都一头栽进灾区，实地体察灾民生活，询问他们精神和生活上最需要什么，然后将实地了解到的情况，向协调办公室汇报，再为不同地区准备赈灾物资。物资发放完毕后，工作队还会再一次回到灾区，确认灾民们是否已收到赈灾物资。无国界医生没有因为与灾情无关的要求而改变救灾的方式和地区，一切根据灾民实际需求，确保灾民利益和款项应用到位。

完成这几个月的翻译工作后，我回到了昆明。因为有计算机和技术背景，我正式在无国界医生的昆明协调办公室做起了后勤工作。我觉得这份工作非常适合我，因为它需要很多方面的知识，而且不用一直待在办公室里。工作大部分在户外，如车辆管理和维护、实地供水供电、发电机和设备保护、药品冷藏、通信、医疗用品和物资的供给、采购等；对动手能力要求较高，而这正是我的专长。不久后我又到无国界医生在中国西南地区的各个项目去提供后勤支持，包括云南西畴县的饮水与卫生项目、怒江结核病项目和四川凉山性病治疗及艾滋病预防项目。

其中怒江结核病项目给我的震撼最大。当时在云南大山里偏僻村庄的结核病患者，许多没有能力负担6个月到1年疗程的药费和检查费用，从有些村庄去最近的小镇诊所，得走几天山路，再坐车，要坚持治疗异常困难。完成不了疗程的，结核菌可能产生耐药性。我喜欢缠着医生们问许多问题，例如什么是耐药性，为何会出现，为何无国界医生不在怒江峡谷医治耐多药结核患者等。医生同事告诉我，由于资源及地理条件的限制，在怒江峡谷等偏僻地方治疗耐多药结核并不可行。

工作之余我开始阅读无国界医生在全球救援的工作简报，逐渐加深对他们的了解，也让我更加佩服那些放弃舒适生活，忍受着和家人、朋友分离，毅然投身于紧急救援的志愿人员。这使得我在昆明工作期间，一直希望能够参与国际志愿者的行列，为那些受苦受难的人们去做点什么。无国界医生是个由各国救援人员组成的人道医疗组织，但当时还没有来自中国内地的国际救援人员。成为无国界医生国际救援行动的一分子，作为这个组织首个来自中国内地的国际救援人员，到世界上其他需要援助的地方工作，便成了我当时最想做的事。

苏丹

2001 年，在通过了无国界医生救援人员的考核和面试后，我接到了前往苏丹加达里夫（Gedaref）黑热病治疗项目的通知。怀着激动和忐忑的心情，我踏上了向往已久的非洲土地。从苏丹首都到项目点加达里夫市要 10 小时车程，沿途的景色

雨季时的路，越野车也不能行驶。

图片拍摄：潘渊 / MSF

彻底粉碎了我关于热带雨林和原始土著的想象：一望无际的半沙漠，狂风夹杂着黄土摇晃着仅存的灌木丛，只有偶尔在孤树上跳跃的猴子和追逐腐肉的秃鹰，才让人嗅到一点生命的气息。从项目点再到治疗点，旱季坐越野车要五六个小时，雨季则要十多个小时；雨最多的时候，越野车也不能走，只得坐两三天的大型拖拉机。"路"就是荒野上汽车偶尔驶过压出来的土路，雨季时很多地方一片沼泽。

　　治疗点是一座"野地医院"，没有水，没有电。供水是靠无国界医生打的两口近50米深的水井，电则是来自每天运行6小时的破旧的柴油发电机。无国界医生的医疗和后勤人员就是在这样的条件下给数以万计的黑热病患者提供治疗。黑热病通过白蛉叮咬传播，患者脾脏肿大、发热、消瘦，得不到治疗的几乎百分之百会在几个月到两年间死亡。但如果诊治及时，95%的患者可以康复。无国界医生的治疗点有十几座长方形草棚，高峰期一个月要接纳500多名患者住院，最高峰时还要搭建很多简易帐篷。我们给患者提供免费治疗，还派发蚊帐、食物和必需的卫生用品。

　　我的主要工作是保证治疗点药品和其他物资的供应，供水供电，以及车辆与设备的管理和维护。雨季路不通行的时候，治疗点唯一能和外界联系的，就是每天两次和加达里夫办公室的高频无线电。我平均每周要花三分之二的时间在项目点、治疗点和附

和当地同事们一起搭建帐篷。

图片提供：潘渊 / MSF

雨季乘车前往项目，路不好走，但不会影响心情。

图片提供：潘渊 / MSF

近村庄之间运送药品、物资和垂危的患者，还要经常在超过50℃的屋顶上检测无线电通信发射塔，以保证办公室和治疗点的通信；偶尔还要驾着那辆老款白色越野车在附近区域做项目后勤评估。

我们所有的同事都努力在这种艰苦的条件下工作，经常要一个或几个月才能从治疗点到加达里夫办公室休息几天，其他时间就全天候住在治疗点，大家只能相互鼓励。很多同事都染过疟疾或其他疾病。抗疟药物有副作用，我因为服药达半年，总是莫名其妙地做噩梦哭醒，最后不得不停药。最难适应的，除了没有任何社交生活外，就是气候和食物。因为炎热，彻夜难眠是家常便饭。当地严重缺乏蔬菜，由于不习惯，几乎每个人都"减了肥"。回昆明休假前，母亲问我最想吃什么，我不假思索地回答说想吃大白菜汤，就这样煮一大碗，连盐都不用放。自己都有点惊奇，因为以前在家时，我是家里最不爱吃蔬菜的人，老要父母强迫才吃蔬菜。身在前线，每隔一段时间从加达里夫办公室与家人电话联系，就成了我们每个国际救援人员最期待的时刻。我的女友（现在的爱人）经常抱怨说，她的收入都不够支付每个月给我打电话。因为生活寂寞，队友都有不同的方法消磨休息时间，我养过猴子、刺猬，也经常在河里游泳，还骑过骆驼散步。

有一次，我帮助修缮当地的政府医院，勘察过病房里几堵将要垮掉的墙体后，留意到20多米外一张床上的患者有点不对劲。走过去发现人已经死了，干瘪的遗体散发出异味，张开的嘴巴爬满了苍蝇。遗体两旁的病床相隔只有 30 厘米，依然有其他患者安静地躺着，护士全然不觉。事后，当地同事安慰我说，这种事情常常发生，他们已习以为常。类似的场景在很多乡村诊所里都属于"正常"：被疾病和饥饿折磨得几乎只剩下骨架的村民，等待药物的病患躺在冰凉的地板上，营养不良的小孩死在无力哭泣的母亲怀中。村落里几乎没有哪个母亲的孩子能全部存活下来。

孟加拉国

2002 年底我接受了新任务，负责协调组织在孟加拉国的后勤及人力资源，确保项目有足够的医疗物资和其他补给。当时无国界医生在孟加拉国有两个项目，其一是在东南部与缅甸接壤的代格纳夫（Teknaf）的政府难民营，为来自缅甸的罗兴亚族难民提供基本医疗支持。项目协调办公室设在南部城市科克斯巴扎尔（Cox's Bazaar），离代格纳夫约 2 小时车程。

营里有 1 万多名难民，栖身于一个接一个低矮阴暗的茅草棚。每间草棚约 8 平方米，各住上至少 6 个人，男女老少全无隐私的空间。整个难民营都是泥土地，由于过度拥挤和极度缺乏维护，粪便、污水和垃圾随处可见。营地状况一直不好，因为管理当局担心条件改善会令难民更不愿意回乡。各种政治原因加上联合国难民署欠缺经费，使营里多年来都没有足够的食物和供水点。又因不被允许外出，也不能于营外工作，难民只得完全依靠援助。配给的粮食成为营里唯一的"货币"，难民们往往"变卖"基本食物以换取生活必需品。无国界医生的营养不良治疗点每个月都有上百名骨瘦如柴、严重营养不良的儿童需要接受治疗。

我在孟加拉国工作期间，曾经试着吃发放给难民的食物，这些食物实在让人难以下咽，更不用说一日三餐都吃这些。难以相信难民们就在这样的条件下度过了 10 年。

罗兴亚人是缅甸的少数民族，世世代代在缅甸若开邦生活，20 世纪 70 年代起被缅甸政府拒绝承认公民身份，引发数次往邻近国家的大规模逃难，又屡次被孟加拉国遣返。在缅甸，罗兴亚人行动受限制，即使往邻村看医生、探亲友都要申请及缴纳出入费，学生无法到省城升学，成人难以经商、迁徙或外出工作。由于政治上被压制及生活穷困，罗兴亚人不断外逃。1992 年上半年逃抵孟加拉国寻求庇护的，获登记难民身份后尚可栖身正式的难民营，得到基本的医疗、教育和食物；后来者得不到难民身份，更孤立无援。

家园，这个我们想当然的属于自己的东西，对于罗兴亚人来说，简单却又遥不可及……

塞拉利昂

　　为了更好地提供后勤支援，作为后勤人员，我们不得不学习很多医疗方面的知识。其中最头痛的，是如何区分几十种医务同事都难以区别的用于外科手术的针线。2004 年在塞拉利昂的时候，我就在库房拿着无国界医生的医疗器械目录，用了好几天来熟悉和检查库存，以确保库存足够和能及时从行动中心订购正确的外科手术针线。

　　后勤人员常常承受巨大的工作压力。如果我们工作出错，结果很可能要以患者的痛苦，甚至生命作为代价。由于援助地点缺乏有质量保证的药品和医疗物资，几乎所有的供应都需要从行动中心订购。从订单开始，一片药要漂洋过海，通过出口和进口，然后运送到项目点，这个周期最少要几个月，长的可达10 个月。所以后勤人员和医务人员的合作，就是援助项目成功的关键。后勤人员力求在第一时间了解项目的医疗需求和挑战。譬如说，若没有可靠的冷藏链及交通工具，大型的注射麻疹疫苗行动根本无法成功。若未能于指

作者在检测无线电通信发射塔。

图片提供：潘渊 / MSF

定时间内把药物送到，患者就没有药物完成整个疗程。若没准备好粮食、药物，或车辆用的燃油，就无法接触到危难社群。若电力供应系统未能有效运作，就不能与外界通信，冰箱内的疫苗亦会失效。还有很多例子，可以凸显非医疗工作在医疗救援项目中的重要性。

塞拉利昂因为医护人员严重不足，缺乏最基本的医疗妇幼保健。对中国人来说，生孩子是大喜事，在这儿却是不可避免的"生死搏斗"。许多难产的妇女因为送院太晚而死亡，或虽跨过生死线却诞下死婴，她们往往落下不少后遗症，其中之一是阴道瘘。

阴道瘘是由于难产时胎儿头部压迫产道过久，造成阴道与膀胱间，或阴道与直肠间组织坏死，日后形成瘘管，自此尿液或粪便日夜不停由阴道流出，患者处于完全失禁的状态。还因为外阴长期浸泡在排泄物中，感染的概率大大增加，严重的会因此死亡。有基本妇幼保健的地区，阴道瘘已极少出现，但在塞拉利昂依然常见。由于物资缺乏，患者多只用旧衣物作为尿布，也不容易有足够的水清洗，身上往往散发着强烈的恶臭味。

我们的治疗点经常有很多受此病折磨的妇女，她们的故事让人心疼。有的被丈夫和家人抛弃，流落街头，过着极度自卑悲惨的日子；有的被社群逐出村落，生不如死，有的还因此发疯。手术修补是唯一疗法，大部分有机会治好。无国界医生打算帮助她们，但组织中的外科医生大多来自发达国家，缺乏这种手术经验；经商讨后，决定从附近国家聘请有此经验的外科医生，到项目点为无国界医生的外科医生进行 3 个月的实地培训。我则与医务人员商讨所需的医疗物资和其他设施，争取在聘请的外科医生到达前为手术做好一切准备。

这期间，无国界医生的两个项目点已经登记了上千名受阴道瘘折磨的妇女。我给两所医院搭建了临时的竹子茅草病房，每个能容纳 30 名患者，用于手术前的准备期及手术后的恢复期。一天，来自埃塞俄比亚的外聘外科医生告诉我，第一个接受阴道瘘修复手术的患者康复了，就要出院。在医院的临时病房区，我看到了一幕令人振奋并把我感动得流泪的景象。一位年轻妇女，穿着鲜艳的节日般的服饰，所有的女患者团团围着她，大家用独特的、充满活力的西非传统歌舞又唱又跳。她是第一位手术成功的患者，欢呼的女患者们仿佛看到了自己手术后重获新生的景象。那一天，我的心情特别好，所有的后勤努力可以用一个字来形容：值！这样一个手术，竟彻底改善了患者的生活质量！这让我深刻体会到了无国界医生所倡导的"为危难人群挽回尊严"。

随后短短 3 个月内，无国界医生为上千名妇女成功地进行了阴道瘘修复手术，并把这项手术正式纳入了塞拉利昂的医疗援助项目中。

乌兹别克斯坦

乌兹别克斯坦是中亚一个多民族国家，有很多不同族裔的人。由于我的相貌和当地朝鲜后裔没什么分别，很多时候都被当成本地人。工作之余我喜欢到市场和餐厅去体验民风民俗，和当地同事讨论历史文化，所以很快便融入当地社会。

无国界医生的治疗耐多药结核项目位于乌兹别克斯坦西北部，距离首都塔什干约 1 000 千米，2006 年我担任后勤人员时，已先后为约 160 名不同治疗阶段的患者提供了治疗。

治疗耐多药结核极为复杂，对所需的后勤支持要求也较高。我花了 2 个月反复阅读耐多药结核的治疗手册，希望对这种传染病加深了解，掌握如何更有效率地提供后勤支持，最终令患者受惠。耐多药结核的治疗药物供应管理，是后勤支持最重要的部分。治疗耐多药结核的二线药物，尚未在国际市场上广泛供应，我必须密切跟进每种药品的每月使用量以应对供应上的繁复安排，确保患者疗程不致中断。每个月，后勤人员要与医务人员合作汇总所有二线药物的实际使用量，比较当月患者增减的数量和历史数据，进行分析，使后勤部能更准确地估计未来几个月可能需要的药物用量，以保证足够的库存和及时做好采购安排。

由于项目地夏天气温高达 50℃，冬天则低至 -30℃。很多药品及实验室试剂必须在 2℃ ~8℃ 下保存，后勤人员更要于夏

季每天有五六个小时停电的情况
下确保冷藏设施的运转。入冬之
前，需储备足够整个冬天车辆及
供暖设施用的柴油，并加煤油来
预防柴油低温结蜡，否则会损害
使用柴油的设备和车辆。还需在
结冰的路上对不同的轮胎进行实
地测试，保证冬天人员及物资运
输的安全。冬季还需要维护整个
医院的供暖系统设备，让患者和
医务人员有适宜的治疗和工作
环境。

在耐多药结核病医院工作，必须戴口罩。

乌兹别克斯坦，2005年。图片提供：潘渊 / MSF

　　结核菌可经空气传播，所以医院里必须保证空气流通。重
症治疗部及实验室需要安装通风管道以制造负压环境，确保高
传染性的空气不回流而溢至其他房间。患者出入的房间，需在
计算面积后安装紫外线照射灯消毒空气和环境，把工作人员受
传染及患者间交叉感染的可能性降到最低。妥善处理高传染性
的废物（例如患者的痰）也极为重要：可以焚烧的废物要在
900℃的焚烧炉处理，痰要在处理前要用液氯浸泡消毒，痰壶
要用液氯浸泡煮沸消毒后清洗。

　　良好可靠的实验室是治疗耐多药结核的先决条件。这是
因为耐多药结核杆菌的检测，和对11种药物耐药性的检测

都非常复杂。在无国界医生的支持下，项目点所在地努库斯（Nukus）有了中亚地区设备最精良的结核杆菌实验室。后勤人员需确保实验室多达 300 多种用品的供应，给各种试剂提供冷藏设备，安装及维护自动化发电机，使培养结核杆菌的实验室有 24 小时的全天候供电……

对于无国界医生尝试在发展中国家治疗耐多药结核，我感到异常兴奋。乌兹别克斯坦这个试验项目是向前迈进的一步。我一直期盼终有一天，像怒江峡谷的那些耐多药结核的患者能有机会得到治疗。

无 国 界 医 生 之 于 我

离开苏丹前，我加入了无国界医生的协会。协会是无国界医生真正的主人，成员多数为曾经或正在参加无国界医生工作的救援人员，通过网络、团聚和定期的讨论会等，讨论组织在救援前线所面临的种种困难和挑战，及如何在复杂和危险的环境下更好地接触和援助危困人群。协会指导组织的方向，并通过选举出来的董事会，监督组织运作符合无国界医生的章程和使命。每年大会，会员们各抒己见，提出不同的建议，然后通过投票把正式提案提交到无国界医生国际议会，最终反映到组织的各种决策和项目执行中。去年的国际讨论话题，就是如何更负责任地结束援助项目。

2008 年底，我参与了无国界医生香港协会的选举，很荣幸得到大家的信任而被投票选举为无国界医生香港董事会成员。作为志愿的、无薪酬的董事会成员，我会在做好协会会员工作的基础上，对无国界医生香港协会负责，确保由协会会员投票通过的正式提案得以落实、办公室在总干事的执行下得以良好发展。

作为无国界医生的前线救援人员，我们生活津贴不多，要承受前线的危险、环境的艰苦、工作的艰辛和亲人朋友分离的孤独。自己身边的同学和朋友大多已是公务员或小有成就者，他们常常羡慕我的经历，却难以抛下现在的一切走与我相同的路。我曾不止一次被问到，我所做的这一切为的是什么？我相信所有的无国界医生救援人员都曾被问过同样的问题。或许，每个人都有自己不同的答案。对我来说，我很荣幸能成为无国界医生的一员，为有需要的人群提供自己力所能及的帮助；更重要的是，我能够选择：相信自己所做的一切真正帮助到最需要帮助的人们，而他们，因为贫穷、灾害或战乱，没有选择。如果真要拿从事其他工作和做国际救援人员相比，我觉得我的工作回报更快。每工作一天，都能立刻看见成效——我知道又有人得到了帮助。每当听医生说出"脱离危险"这四个字，我都会感觉无比释然。这是一种发自心底的快乐。

许多同事认为志愿经历应是人生经历不可或缺的一部分。

我的同事参与救援工作之前，都有各自的工作：一位是荷兰一家 IT 公司的老板，把生意交给别人打理，自己跑来加入无国界医生；另一位来自北欧，把自己的公司卖掉，专门来当国际救援人员，他认为钱可以今后再赚，但帮助苦难的异国同胞，是他此刻应该做的事；还有一位得到了公司的支持，获得了一年的无薪假期来无国界医生工作。这样的例子数不胜数。有时我甚至想，他老板给他这样的机会，是不是因为自己也曾经是或者希望做个志愿者。我认为这样的氛围主要是社会或者人文环境提供的：大家普遍高度评价并支持人道工作和志愿者的行为。真希望有一天，所有的人，而不仅仅是学生，会认为志愿救援经历必须成为每个人人生经历的一部分；所有的雇主，都会鼓励他们的雇员去承担社会上的志愿工作。

2010 年 1 月

被士兵看守
的孕妇

屠 铮

其实普通老百姓没有什么奢望，只是简单地希望有个安稳的家，过平静的日子。

中亚国家土库曼斯坦自 1991 年开始对外界采取封闭的态度，人民只能获得苏联时期的、过时的医疗护理。了解到该国需要切实的医疗援助，无国界医生于 1999 年起在土库曼斯坦工作，并于 2004 年在列巴普州（Lebap Velayat）的迈丹尼（Magdanly）开设妇幼健康项目。项目包括支援地区医院的儿科普通病房与重症加护服务、实验室、传染病房及妇产科服务，尤其重视培训当地医生和助产士。有关项目已于 2009 年底结束。

图片提供：屠铮／MSF

屠铮　医生

我于 2007 年参加无国界医生在利比里亚的工作，2009 年到土库曼斯坦项目担任妇科医生，2010 年先后于斯里兰卡和南苏丹服务，2011 年 1 月出发至巴基斯坦，是无国界医生首位来自中国内地的医生。

我有幸出生于一个医生世家，有幸能在一个和平的环境中专心于学业直到获得北京大学医学博士学位，有幸在北京大学人民医院得到名师指点一步步成长为能够独当一面的妇产科医生，有幸在无国界医生的救援任务中实现悬壶济世的梦想，有幸在颠沛流离、无助贫困的人群中发现人性的善美，有幸在救人的同时发现得救的其实是自己。我从来没有意识到自己拥有如此众多的幸运，从来没有奢望过心灵可以如此纯净平和。

　　第一次见到古娜拉，便很明显地感受到她淡褐色的眼眸中那一抹忧郁和迷茫。

　　32 岁的她，因为双胞胎妊娠有早产先兆收入院保胎，她已有两次正常的分娩史。与众不同之处在于普普通通的古娜拉，全天候被一位荷枪实弹的年轻士兵看守着。

　　我们的翻译给我讲述了古娜拉的故事：大约 10 年前，来自乌兹别克斯坦的古娜拉与来自土库曼斯坦的小伙子坠入爱河。她告别了故乡和父母乡亲，跟随丈夫来到了土库曼斯坦。当时这两个国家还都同属苏联，穿越边界就像在中国过省界，没有特殊的证明或登记制度。他们在这个边远的小镇安定下来，过起平平静静的日子，育有一子一女。可是天有不测风云，在这次孕期检查登记时，根据现在的土库曼斯坦移民法，古娜拉为非法居留；她被责令分娩后必须立即遣送返回乌兹别克斯坦，而所有子女属土库曼斯坦国民，会与父亲一起留在土库曼斯坦，包括一对新生的双胞胎。为了防止古娜拉怀着孩子逃跑，政府派了士兵日夜看守。

　　因为忘不了古娜拉忧悒的眼神，我特别询问了这样的事情是否有先例，解决的方法有哪些。得到的答案是：土库曼斯坦从苏联独立后，曾经规定在一段时间内，类似案例可到有关政府机关办理相应手续；但是古娜拉夫妇疏忽了，所以现在根据移民法，才有这样严密看守和分娩后遣返的规定。

　　政府为了增加人口数目，颁布了各种政策鼓励妇女生育。

作者（左二）给土库曼斯坦的医护人员进行培训。

图片提供：屠铮

因此，要求留下古娜拉的所有子女，完全在我的意料之中。我不大懂政治，但是从一个妇产科医生的角度来看，活生生地拆散好端端的一家人，尤其是政策性分离正在哺乳的母亲和初生儿，哪怕是为了孩子的健康和成长，为了这个国家的未来，政府也应该网开一面，想办法留下孩子们的母亲啊！

看守古娜拉的年轻士兵大概不足 20 岁，相当腼腆，很少说话。因为病房里收住的都是女患者，他便自觉地守在楼道口上。有一次抢救急诊患者时，他还主动帮助我们抬了担架。

一周后，早上查房时我发现士兵不见了，便询问古娜拉原因。原来，她丈夫上访了政府有关部门，解释了事情的经过和疏忽，并保证古娜拉绝不会逃跑。因此政府部门撤走了士兵。我无从确定古娜拉丈夫的上访是否需要疏通关系，解释和保证又是否需要抵押，但是，至少古娜拉的脸上露出了微笑。

两个月后古娜拉再次入院，顺利分娩了一对健康的双胞胎男孩儿。每天查房时我们微笑着互相问好，她眼中满是母性的慈爱和满足。出于关切和好奇，我问她出院后是否需要离境。她高高兴兴地向我解释，政府部门给了她一年的时间，只要能够在规定时间内补齐所有的手续，她就可以合法地留在土库曼斯坦啦。

嗯，这还差不多。其实普通老百姓没有什么奢望，只是简简单单地希望有个安稳的家，过平静的日子。衷心祝愿天下的老百姓能像古娜拉一样露出满足的笑容。

2009 年底

走进世界
最大难民营

张 凯 淇

在真正来到前线之前，我对苦难的理解也只是停留在纸上。但当你亲眼所见，绝对无法做到视而不见。

2017 年 8 月，缅甸若开邦爆发冲突，数十万罗兴亚人逃亡孟加拉国，加上因过去的暴力事件而逃往孟加拉的 20 万罗兴亚人，至今滞留在科克斯巴扎尔区的罗兴亚人总数近 90 万人。他们无法在孟加拉工作及接受正规教育，过着无望的生活，且极其依赖人道援助，许多人仍持续经历与暴力遭遇有关的身心健康问题。无国界医生在难民营内开设多个医疗站、基本医疗中心和住院设施，改善水利卫生设施，以应对麻疹、白喉等传染病暴发，并为有创伤经历的人们提供心理健康支持。

来自山东的救援人员张凯淇曾加入无国界医生在孟加拉国难民营的救援项目。此后，他还去到位于西非的塞拉利昂，这里是全球母婴死亡率最高的地方之一，每年有超过 1 360 名产妇在分娩时或分娩后的短时间内死亡。经历了第一个项目锤炼的张凯淇在塞拉利昂南部凯内马（Kenema）地区新建设的母婴医院里担任后勤经理，承担起更多挑战。

孟加拉国难民营因大量难民涌入，原本的森林被砍伐，张凯淇（前排左边）初到孟加拉国的项目时，在那儿种下一棵松树，希望与所有来到这里工作的人们一起努力让这里重获绿色。

张凯淇　　后勤人员

我是张凯淇，山东烟台人，加入无国界医生前曾在信息通信技术（简称 ICT）行业工作过 6 年。我作为后勤人员跟随无国界医生医疗队工作于孟加拉国罗兴亚难民营项目和塞拉利昂母婴医院项目。

每一个岗位在无国界医生中都十分重要，医生在前线救死扶伤，而我们后勤人员要保证医院设备设施的正常运转。在一些大项目中我们会有专业、细致的分工；而在一些小项目中我们却要同时负责不同领域的工作，比如机械、电工、车辆、建筑、通信系统等。这是一份很有挑战性的工作，因为我们需要用最短的时间、耗费最少的资源、在最少的外部支持下解决很多紧迫的问题；但也正因如此，这里是工程师实现自我价值的天堂。

项目结束后，生活瞬间归于平静，但我却时常想起在项目上紧张忙碌的生活，想起那些被紧急状况打断睡眠的夜晚，想起那些可爱的同事们。或许在外界看来，无国界医生离大多数人的日常生活很遥远，我们的工作看起来也很辛苦，但是当我真正融入其中才发现，这是一份很有成就感和满足感的工作！

我与无国界医生的渊源可以追溯到 2011 年的第一版《无国界医生手记》，算算也有十多年的时间了。那时候我还在读大学，刚开始对人道救援有所了解，在网上看到无国界医生转发赠书的活动，就马上"尽自己微薄之力"转发，竟幸运地得到了赠书。从这本书中我第一次了解到无国界医生的具体工作，从此加入无国界医生也变成了我的人生愿望之一，这念头时时萦绕在脑海。

从 通 信 工 程 师 到
医 疗 人 道 组 织 的 救 援 人 员

2019 年，正式加入无国界医生以后，我遇到了很多人都会被问到的一个问题：你为什么可以参加无国界医生，你是医生吗？

其实我在参加无国界医生前，在全球最大的通信企业工作了 6 年，在国内做过服务工程师，也在海外做过项目交付，正因如此，我的背景与无国界医生对后勤人员的要求比较契合。而在多个不同政治制度、不同宗教文化背景的发展中国家的工作经验又是一个很大的加分项，因此我也顺利通过了无国界医生的考核，最终穿上了印有无国界医生红色标志的白色 T 恤衫，这是无国界医生正式员工才准许穿着的"工作服"。

无国界医生需要的不仅仅是医护人员，就像国内的医院一样，也需要安保，也需要救护车，也需要行政、财务和人力资源，当然也需要像我这样的后勤人员。我在无国界医生的两个任务里都是做的后勤管理：在孟加拉国负责诊所的安保、建筑的维修、电力系统和医疗器械的维护、ICT 以及办公室的后勤工作和一些其他杂活；而塞拉利昂的任务规模更大一些，我的工作也就更专业一些，只负责安保、车队、厨房和洗衣房。

你 无 法 对 苦 难 视 而 不 见，
尤 其 当 你 亲 眼 所 见

在加入无国界医生前，我的日子相对安稳，虽然也常年在

海外工作，但收入尚可，安全无虞。在网络和电视中时常看到
在世界其他角落里饱受冲突、贫穷和疾病摧残的人们，我想总
有一天我会去到那片土地，去做一点点事情，这或许就是罗曼
蒂克的英雄主义。

　　但是当我真正参加了无国界医生的项目之后，我的英雄主
义却遭遇到了现实的打击。当真真切切触碰到现实时，才想起
了傅雷先生的那句话："唯有真实的苦难，才能驱除罗曼蒂克
的幻想苦难。"

　　在去到孟加拉罗兴亚难民营项目之前，我很难想象一个
100 万人的难民营是什么样子，后来当我看到用竹篾和防水布
搭起来紧挨着的窝棚时，才明白
这里已经拥挤到人口密度超过了
北京和上海人口最稠密的区。

　　在这里，没有一个正常的、
我们能理解的社区和社会关系，
人们在贫困中谋求生存，孩子们
在一个畸形的社会中长大。这里
所有的食物和医疗完全靠国际援
助，这里有很多小孩子却极少
有学校，这里有大大小小百余
家 NGO（非政府组织）在忙碌，
但是依然看不到罗兴亚难民问题

**一名 17 岁的少年在无国界医生
位于贾姆托利的诊所寻求精神健康护理。**

图片拍摄：Anthony Kwan

得到解决的希望，看到的只有越来越多的难民。

有一次，同事们在饭后聊天的时候，聊到了英雄主义这个话题，一个美国同事情绪激动，连续问了我们几个问题：我们为什么要到前线来？在第一次来到前线之前，我们真的理解苦难吗？难道不是为了心中的英雄主义和雄心壮志，难道不是因为这是一件很酷的事情吗？

的确，在真正来到前线之前，我对苦难的理解也只是停留在纸上；但当你亲眼所见，绝对无法做到视而不见。每个人来到前线的时候，或多或少总觉得自己可以做英雄，但被现实打击后才发现自己能做的很有限，这个世界有很多问题，而这些问题极少是靠 NGO 能解决的。无国界医生获得过诺贝尔和平奖，在世界上也得到了广泛的赞誉，但是面对这些问题的时候，我们能做的也仅仅是在巨大的鸿沟上搭建一座独木桥，通向远处那一点点希望。

后 勤 工 作 的 意 义

塞拉利昂是全球孕产妇和 5 岁以下儿童死亡率最高的国家之一，无国界医生在塞拉利昂的母婴项目是无国界医生全球的旗舰项目之一，包括一期和二期的儿科医院，以及三期的产科医院。在我的任务期内，三期产科医院尚未投入使用，但仅一期、二期的儿科就拥有 100 多张床位。

　　在这样的医院里做一个后勤经理，是一份很有挑战性的工作。2021 年 9 月我离开项目的时候，我们的厨房每个月会为患者及陪护家属提供 12 000 顿免费的餐饮；我们的洗衣房每月会清洗 8 吨左右医护人员的制服和病房床单被褥；我们的安保团队每天要应对上千次的门岗登记和体温测量；我们的车队每天要应对上百次的公务出车任务。

　　由于医院规模大，以及三期产科医院尚在建设中，每天进出医院的人员数量多且复杂，有医院员工、患者家属、建筑公司员工和临时工、当地政府医院和友好机构访客、供应商等。每天安保团队要应对上千人次的进出登记，尤其是 2021 年 2 月新一轮的"新冠疫情"在塞拉利昂暴发以来，医院加强了进出管理，这对安保团队的要求变得更高，我们的工作压力也变得更大。疫情带来的冲击还影响到了车辆管理，出于保持社交距离的需要，车辆对人员的运载能力比之前减少了 1/3~1/2，这就导致我们整个车辆的排车计划需要调整，整个车队的工作时间都需要相应延长。

　　除了日常的医院工作外，我们还要派出人员支持当地卫生部的新冠疫苗接种工作，并且还要支持一些临时的紧急项目。2021 年 2 月邻国几内亚出现埃博拉病例，无国界医生开展了一个去塞拉利昂－几内亚边境地区进行调查拓展和准备应对的项目，这个长达 3 个月的项目从我那本就捉襟见肘的车队中抽调了两部车况最好的车辆和两名技术最好的司机，而那时恰好是医院最为忙碌的时期。那段时间每个人都在找我要车，可是车辆就那么几部，需求却越来越多，着实让我头疼了一阵子。

尽管压力变得越来越大，但是整个后勤团队依然成功应对了这些挑战。我曾经跟后勤主管说，最希望别人认为我们是"没用的后勤"，人们越想不起我们来，说明我们的工作做得越好；反而如果每个人都来找我们，那就说明我们工作做得不到位。

医护人员是前线中的前线，当他们看到患者从自己手中康复出院的时候，内心会获得巨大的满足感。后勤人员在无国界医生里并不像医护人员那样有那么多高光时刻，我们更多时候是作为医疗团队的支撑，用最短的时间、耗费最少的资源、在最少的外部支持下解决很多紧迫的问题，尽量满足医疗团队的需求。这就是后勤工作的意义，它同样是一份很有成就感的工作。

在绝望中寻找希望

在孟加拉的罗兴亚难民营，难民们无法拥有永久性的房屋，加之当地处于极端的贫困中，难民们几乎都是住在由竹篾和防水塑料布搭建的临时住所（或者叫窝棚）中。这种住所十分易燃，而且由于人口密度过大，窝棚都挤在一起，一旦发生

大火破坏了成千上万户人的住所。
无国界医生的一支队伍在火灾后第二天去往当地评估灾后人道需求。

火情，后果不堪设想。

　　但是，担心的事情总会发生。2021 年 3 月 22 日晚上，一场大火导致大面积的巴鲁卡里难民营（孟加拉罗兴亚难民营的一部分，也是无国界医生诊所的所在地）被烧毁，大火导致至少 15 人死亡，400 人失踪，45 000 人流离失所。这场大火，同样烧掉了我们的心血——无国界医生在巴鲁卡里难民营运营多年的诊所被彻底摧毁。

　　收到这个消息的时候我正在塞拉利昂项目，距我离开孟加拉项目也已一年有余。但当我收到前孟加拉同事发来的现场照片，看到已经烧成一片废墟的医院时，我依然备受打击。

记得在难民营项目上的时候，除了工作之外，我们日常都会努力让诊所看起来美好一点，每一个到达当地的国际员工都会亲手种下一棵树，等待着枝繁叶茂的那一天，我种的那棵树是一棵松树。我还记得诊所里的后勤办公室门前有一棵木瓜树，那时每天大家都在等着木瓜成熟，准备大快朵颐。

还有病房，我们亲手改造的通道，原准备作产科，后来改成"新冠"隔离区的新病房，一切都随着一场大火烧光了。

本地的同事用绝望来形容这场大火。

但是，绝望过后，是止步不前还是寻找希望？无国界医生会选择后者。无国界医生在大火后迅速做出反应，在帐篷里建立起了临时诊所，恢复了多个科室的接诊服务。虽然我已经离开了那个项目，却依然对在那里奋战的本地和国际同事心怀敬意和感激。

一场大火可以烧毁无国界医生的诊所，一场空袭可以炸毁无国界医生的医院（2015年美军空袭无国界医生位于阿富汗昆都士的创伤医院，造成42人死亡），一群暴徒可以杀死无国界医生（2021年6月，3名无国界医生在埃塞俄比亚遇袭身亡）。但没有什么东西，可以毁掉我们的希望。

2021年10月于长沙

无国界医生
又撮合了
一段情缘

芳 索 斯
Francoise Mathieu

我找到我心所属。

无国界医生自 1988 年开始在中国开展工作，初期以救灾为主，后期将援助重点转移至偏远地区，为广西、云南、西藏、青海的社群及陕西流浪儿童等提供基本医疗服务。2003 年起，集中资源为艾滋病感染者提供综合关怀与治疗。2008 年汶川地震发生后，无国界医生为灾民提供了帐篷、救援物资、医疗护理和心理支援。

1991—2002 年，无国界医生在西藏拉萨、日喀则和山南地区推行了三个医疗卫生项目。改水项目为缺水地区打井及修建蓄水、输水、供水设备，并进行社群卫生教育，设置饮用水供应点 164 个，令 170 多个村落受益。医疗项目为尼木县和林周县建造了医院，提供基本用药目录及培训乡镇医生临床合理用药，并成功试行药品专款循环管理计划，以确保乡镇级诊所的药品能够维持使用。

大骨节病项目则包括：一，在确定物理治疗能减轻严重患者骨关节疼痛和提高关节活动能力后，把理疗服务扩大到 6 个地区 13 个县的 28 个乡和 37 个村，设立 65 间理疗诊所；二，为 90 多名当地医生提供了理疗培训；三，为西藏治疗地方病的医院设置化验室，同时在 22 个村进行病因研究，确认了西藏的大骨节病与病区水土低硒和谷物受真菌污染有关，另取得科学证据证实缺碘与大骨节病相关；四，在另外 17 个村落推行预防措施，协助村民改善谷物和食物的储存方法。

1997 年冬，那曲地区遭受雪灾，无国界医生也为灾民提供了药物援助。

芳索斯 Francoise Mathieu　　物理治疗师

我 1960 年生于比利时，在布鲁塞尔自由大学先后取得物理治疗学士学位（1982 年）和物理治疗博士学位（2001 年），并曾修读比利时安特卫普的利奥波德亲王热带医学研究所流行病学课程（1986 年）和法国波尔多大学的流行病学方法学与实践（2003 年）及医学统计学（2005 年）课程。1986 年加入无国界医生，于 1992—2002 年负责组织在中国西藏自治区的大骨节病项目。2002 年成立"大骨节病基金会（Kashin-Beck Disease Foundation）"，至今仍每年往返中国数次指导基金会的各类项目。

正式成为物理治疗师以后，我最大的心愿是加入无国界医生。拿着才到手几个星期的文凭，我走进无国界医生在布鲁塞尔的办事处。

那是 1982 年的盛夏，天气酷热，可迎头而来却是一盆冷水！专业工作经验？没有。海外工作经验？没有。语言？只懂法语。热带病学训练？也没有。总而言之，我是个普通不过的女孩，跟其他人没两样：满怀善心与理想主义，却天真简单。再说无国界医生也没有多少物理治疗师的职位！……4 年之后，我争取到无国界医生派我往海外的首个任务。我向来倔强，那 4 年里我把上述的不足一一攻克。

第一个任务真叫我欢喜死了，是到尼加拉瓜，就在桑地诺民族解放阵线执政期间。我参与的是"典型"的无国界医生项目，有好几次大型疫苗注射行动，同时为多个医疗中心提供基本医疗服务。后来，卫生部发现我是个物理治疗师，还要求无国界医生让我从事物理治疗的工作。这次破例也让医疗队看到有个物理治疗师对团队有利的一面。对我个人来说，能一睹桑地诺民族解放阵线的革命努力，很有趣也很兴奋。当时的我还是个单纯幼稚的大女孩，不太关注国际政治。

我在中美洲待了一年半，离开后总想着回去，又或者去南美。可是命运另有安排：每一个新任务，都安排我向东移，先是波黑，接着是黎巴嫩、巴勒斯坦、埃塞俄比亚、菲律宾，再下一个任务更是在地图最东面——我被派到了中国。准确地

日喀则地区的村民在无国界医生设置的饮用水供应点取水。

图片提供：龙欣欣

说，是到了西藏。那时是1992年。自此我情陷这块东方土地，真真正正迷上了亚洲。

我在西藏自治区住下，生活了6年，创建并持续推行大骨节病的治疗项目。

一个完整的工作队，靠着几名国际专业人员加上一群本地员工，就此成立了。大骨节病逐步破坏人体骨关节系统，导致残疾，并令患者承受关节的反复疼痛，严重影响健康、生活和工作。理所当然，项目先从物理治疗开始。不久，队里添了两名物理治疗师。

有个细节值得一提：开展首项研究时，无国界医生问我可愿意在道义上承诺，于整个研究期间从头到尾坚持留在西藏。这要求我觉得合情合理，对个人来说不是个问题。我甚至准备签一份"合约"什么的，可是无国界医生说他们信任我了！

然而不那么合情理、叫人难以明白，甚至令整个工作队都很沮丧的是，2002年无国界医生决定结束西藏项目。没有征询意见，连问也没问我们一声。简直是晴天霹雳！后来，办事处详细解释了决定是如何基于整体运作的考虑而作出的。但无论如何，这样做决策，这样匆匆宣布，是不应该的。至今我们仍觉得很不是味儿。对前线人员，是不是应该多一点尊重？我认为同样重要的是，无国界医生离开西藏，对当地卫生部门、民众来说，这决定又表示了什么？

后来，我们一群治疗大骨节病的国际专家和本地人员决定成立自己的组织，继续致力为患者减轻痛楚和进行研究。那可是另一个故事了。直至今天，我们仍在西藏努力，还有许多工作要做。

回头看，这段经历像童话一样，回忆不尽甘甜，结局总是美好的。我找到我心所属，至今仍深深相信，再来一遍，我还会选择这同一条路。

不经意地，无国界医生又撮合了一段情缘。

2010 年 1 月

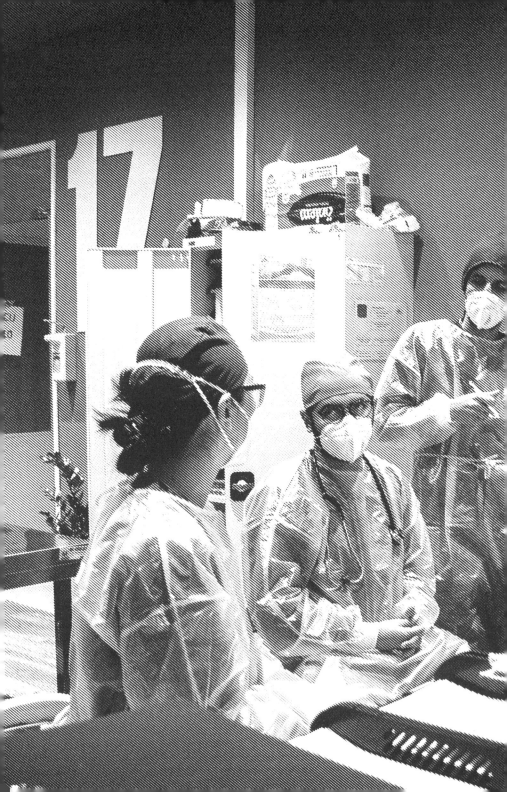

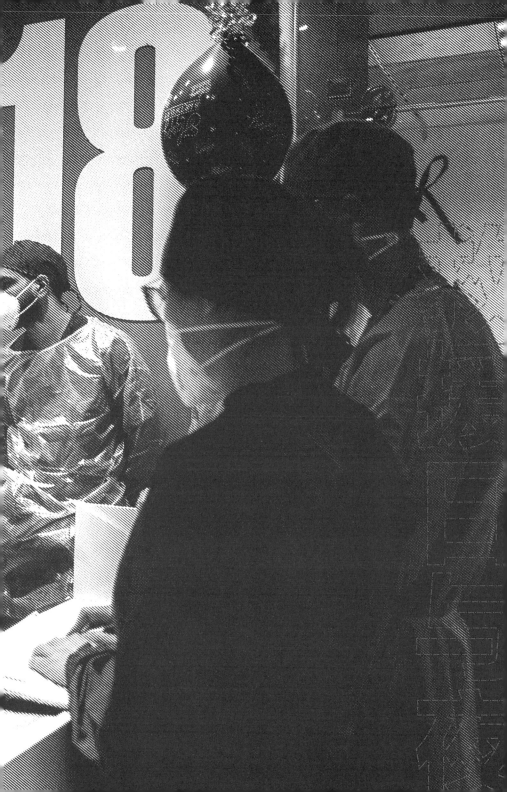

鬼门关上救孩子

黄 婷 蕙

多灾多难的地方也多迷信，何况医生从来不是万能的。

安哥拉历时 27 年的内战，迫使大量农村人口流亡至城市寻求庇护。期间由于当权者连年置医疗服务于不顾，人们要想获得基本医疗护理、有资质的医护人员诊治疾病或得到医疗物品供应，很多时候只能依靠国际组织。

无国界医生 1983—2007 年在安哥拉工作，主要项目点之一在比耶省（Bie）首府奎托（Kuito）。作者执笔时，无国界医生在奎托设有多个营养补给中心，并支援省医院。

随着安哥拉内战结束，医疗系统改善，无国界医生于 2007 年把所有项目移交给政府部门或其他组织。

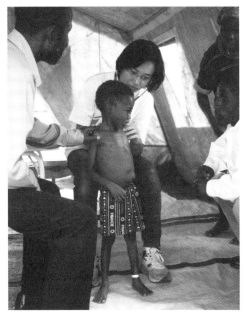

图片拍摄：Michael Loua

黄婷蕙　　医生

黄婷蕙是一名外科医生，研究领域包括卫生保健不平等、老龄化和医疗器械等。她曾为无国界医生和红十字国际委员会工作。

她有关战区经历的文章与诗歌曾在不同的文学选集中出版，包括《为沉默而舞蹈》《为肯·萨罗·维瓦写的100首诗》和《写在救援侧面：无国界医生的故事》。她为自己母亲的失智症之旅所写的文章分别在《祖母的花园》和《致父亲的信》两本选集中出版。

她不在医院奔波时，会在家里和两个孩子一起跳嘻哈舞。

联合国世界粮食计划署的飞机徐徐下降，我抓着前面的椅背。我们开始降落安哥拉的奎托市。为了避开该市外围仍旧活跃的叛军炮火，机师必须直接在奎托市上空陡直地盘旋而降。从机舱往外望，只见四面八方都是难民营的茅舍。数分钟后，机师拉直航机，我们平安落在奎托市机场的跑道上。

奎托市是安哥拉第三大城市，原本只有 8 万人，至 2001 年人口已达 23 万，包括 15 万因逃避战火而从外缘村庄逃来的国内难民。奎托市也曾是政府军和叛军交战最惨烈的地方之一，被政府军接管后，战火便蔓延至邻近的乡郊地区。持续的战火和地雷，使农民难以耕种；收成不够，导致大量人口患上营养不良。

我跟随无国界医生来到奎托市，在这里的营养治疗中心任营养医生，治疗严重营养不良儿童的种种并发症。这是我在无国界医生的第一项任务。以前，我从没医治过小孩，更别说是营养不良的孩子了。但我很快便学会，别无选择——就在我工作的第一天，一个病童死了。这是我第一次看着小孩死去。那时我没预想到，在安哥拉工作的 6 个月期间

奎托市营养治疗中心。

图片拍摄：Michael Loua

47

会看到一连串的孩子一个一个过世。她只是其中之一。

由木柱及塑料布搭建成的一个个大帐篷就是我们的治疗中心，营养不良的儿童躺在地面的垫子上。要去看病童，我必须小心踏过那些垫子，以免误踩他们仅有的财产：抵达中心时派发的匙子和杯碟，卷在仅有的几件衣服里成包袱样，这便是他们的全部家当了。也有些是我要诊治的那些病童被父母包裹起来时用的包袱。纵使天气炎热，他们仍因发热而不停地颤抖。

开展工作第一天，一位医士请我去看个小孩，她的呼吸异常急速。由于严重营养不良，小孩接受治疗后也没增加体重，那天早上我们才刚刚看过她，当时她好好的，还能把营养奶喝光。可是不久护士便发觉她呼吸紧促。我们听她的肺部，感到肺部两旁充满杂音。她实在非常瘦弱，肋骨都突了出来，听筒只能放在两根肋骨之间，不能贴在肌肉上听诊。她双颊凹陷，面无表情地看着我们，目光既不空洞，也不好奇，没有恳求，也没有一丝的抱怨。

我们找来最强的抗生素头孢菌素。她母亲在旁哭着喊道："A minha menina, a minha menina!（我的孩子，我的孩子啊！）"我们把抗生素注入针筒，准备为她注射。她的大眼睛从环抱她的母亲臂膀上仰望我们，然后闭上了，卷曲的睫毛盖在深陷的双颊上，胸膛停止了晃动。

"A minha menina, a minha menina!"母亲号哭。

我们走出帐篷。其他的母亲和孩子们移开视线，转头望向别处。我们继续步行前往另一个帐篷。

一天晚上，我正在吃饭，他们派车子来把我载回营养中心，刚到就听见有人叫我："Doutora Doutora（医生医生），请看看这女孩！"我走进帐篷。一个六七岁的小女孩，站起来，走向门口，排便了！

那天日间女孩还好端端的，没有发热，不用服药，而且胃口不错。医士告诉我，上午她母亲回来时喝得酩酊大醉。女孩排完便，抬起头，径自回到垫子上，边把自己卷在毛毯下边向我笑。我走过去，轻托着她的头部移动、检查。她侧着头，半微笑地打量着我，好像在想："这个外国人想把我的头怎样呢？"她的下颌可以碰到胸口，看来颈项没有僵硬，不会是脑膜炎。

"Doutora，她的行为不正常啊！"夜更当值的那位本地医士向我解释。

是的，我也看得出来。我问："她母亲是否打过她？"

"没有。"他们问帐篷里所有的人，都说她母亲即使喝醉了，也从没打过女儿。我再问："她母亲有没有让女儿喝酒？"答案同样是否定的。

我思索着任何导致儿童失常的可能性：细菌感染、疟疾、肺炎、任何种类的败血病或者癫痫，都可以导致失常；又或是脑部受到感染，例如脑膜炎、脑炎；甚至中毒等。几乎所有的可能性我都想过了。那孩子再次坐起来，事不关己地四处张望，接着又躲到毯子下。可以肯定的是，她不像是患了败血病。

"Doutora，"那医士尝试帮忙，"我们到来时女孩大叫说有条蛇溜进她喉咙里去，从那时起她就行为失常了。"啊？一条溜进喉咙的蛇？这是什么样的解释！

"Doutora，"医士看着我仍旧困惑的脸说，"这是个传统问题的特征，在非洲很普遍呢！"

我突然间有所领悟。传统问题？难道说……这孩子着了魔？

那医士继续说："Doutora，说起来……她的情况更像传说的中了蛊，可能有人对她或她母亲不满……"

我望着医士，心想，如果真是这样，那我该怎样做呢？我虽然在医学院学习了五年，又当过数年医生，但我所受的训练，倒从来没教我怎样赶鬼作法。

"这样吧，Doutora，"医士说，"等明天早上，让她们去看个传统医生吧！"看来这是没有办法的办法了。

第二天，我再去问小女孩的情况。她们一家刚从外面回来。那位医士咧嘴笑着说："她没事了，Doutora，她已经完全没事了！"

几天之后，担任营养统筹员的比利时籍护士安妮，叫我去看一个孩子。孩子的名字我已经记不起来了，只知道他是个笑容灿烂、调皮爱玩的男孩。两天前他还好好的，我替他检查时在他肚皮上挠挠痒，他忍不住咯咯地笑，笑得眼睛眯成了一条缝。

"昨晚当他们请我去看他时，他正在做一些奇怪的动作，双手猛力抽动，但看来又不太像抽搐。"安妮边说，边把手向前伸直示范给我看。我告诉安妮："他不是抽搐，就是着魔了。"

"着魔？"安妮以为我一定是疯了。

"是的，就是那种被魂魄附体，像电影《驱魔人》里的情节。"

安妮微笑摇头，说我的工作压力太大，开始胡说八道了。

我去看那小男孩时他正躺在母亲的膝上，眼神空洞，手脚同时抽搐。我把护士叫来，指示她使用地西泮（安定），并重复剂量直至抽搐停止。

这肯定不是灵魂附体。

半小时后我回来看他，男孩发着高热。原来昨夜他曾经说肚子痛，还拉过肚子，然而当时并没有人注意到。现在，他陷入昏迷并因为高热而抽搐。我们用尽各种方法救治他——给他地西泮、扑热息痛、氯霉素（我们怀疑是伤寒所致），又给他洗澡以试图降低他那炙热的体温，可是，即使这样，他仍持续每小时抽搐一次。

我检查他的腹部想要确定是否有伤寒的病症。那孩子已全无反应，没有痛楚，也没有搔痒时发出的咯咯笑。尽管我们替他开了所有可用的药物，可是，中午过后，他的情况急转直下，眼神仍像早上时那样空洞，身体却是每几分钟便抽搐一次。

当天晚上，他终于安息了。

一天，我被请去看一名前额上长有一个瘤的婴儿。她一出生便有这样一个瘤，而且瘤正在增大。记得小时候，除了让家人购物时把我留在书店之外，我最喜欢的，就是到商店的玩具部把玩各种布娃娃。我特别喜爱那些有瑕疵的娃娃，就是那些有某些地方不对称的，例如，缝位稍稍偏离了中线，一只眼睛比另一只大，或是一只手的缝合角度与另一只不一样的娃娃。这孩子就像那样。她额上右方长的大概是脂肪瘤，因为压着眼皮，睁眼睛的时候，左眼总会比右眼大一点。我替她检查，她只是笑，而且摇着小手，好像在说："我就是缝成这个样子的啊！"

这天，她正在发高烧，我给她开了几种抗生素和抗疟疾药物。晚上，他们再来请我去看她。她躺在妈妈的膝上，闭着眼睛，胸口传来可怕的杂音。我轻轻地翻开她的眼皮，只见她那褐色的大眼睛，茫然地望着前方。

我转过头来，正想着是否加开一种抗生素，这时她胸口的杂音却停止了。我叫唤她的名字，抱她坐起来，又让她躺下，再详细地给她检查，希望找出到底什么地方不对劲，例如是否被插在鼻孔的喉管呛着。但什么也没有。她的小手，最终软弱地垂在两旁。她母亲抱起她来，将脸埋在女儿的卷发中抽泣，而女儿那小小的头颅，就抵在母亲胸前。

我知道，这个小娃娃永远没有机会长大了。

我走出帐篷，走过其他孩子和他们的家人。他们都把视线移开，或闭上眼睛装作睡觉，可能在庆幸不是自己遭殃，也可能是内疚，身边到处是死亡，自己却能侥幸生存下去。

一天，我的同事、难民营主管苏菲问我有没有见到那个由她送到营养中心、极度营养不良的小孩。苏菲昵称他为"大夸"。"大"是极为严重的意思，"夸"是"夸希奥科病（Kwashiorkor）"的简称，指因极度缺乏蛋白质引致的营养不良。我回到营养中心找寻"大夸"。只见一个戴帽的男人，弯下腰照顾一团毛毯与纱布，纱布中露出两只大眼睛。那男人轻轻拿走毛毯和纱布，让我检查那孩子。男孩皮肤破损，浑身长满水疱。我从未见过如此症状。跟无国界医生一起工作多年的安哥拉护士主管莉奥天娜告诉我，这是典型的恶性营养不良，他们每年都遇见不少。由于血液中缺乏蛋白质，液体积聚在组织里，患者身体肿胀，皮肤因受压破裂，全身皮肤都出现裂缝。

我开始发问的时候，戴着帽子满脸皱纹的父亲走上前来。他说他们一家来自邻省的欣瓜阿（Chinguar），二月份时叛军和军方爆发冲突，他们只好逃到奎托市，被安置在最大的难民营的一个棚子里。那儿极目所见都是茅棚。到四月份，面对营里生活的困苦，他嘱咐妻子带两个年纪较小的儿子回乡，耕作他那一小块仅有的田。[1]

1　在乡间可种点农作物糊口，而在难民营则得完全依赖不定期的派粮。妇孺在战区，也不像成年男子那样容易被杀害。——编者注

上星期，他那十多岁、靠在乡间来回穿越叛军领地帮人跑腿送信的长子来这里告诉他，母亲和两个弟弟正病重。于是他立即从难民营走路回家。抵达家门时，二十多年长相厮守的老伴已经气若游丝，她央求他把两个小儿子送到医院。于是，他只好留下垂死的妻子，带着两个儿子，走了足足三天的路回奎托市。其间，小儿子死在途中，他也只能留下遗体在路旁，忍着伤痛，带着另一个儿子来到医院。

这个名叫康斯坦的孩子就是这样来到我们的营养中心。他爸爸日夜陪伴。当孩子叫痛——他稍微动一动也痛，在床上翻身也痛——他爸爸总在旁安慰，又常常哄孩子喝营养奶。由于康斯坦能喝奶，身体似乎好了一点，每次看见我们，他都会微笑，虽然我们每天要给他翻身两次，给他换纱布。他不像有些孩子，看见任何身穿白袍的人或拿着听筒的外国人，就吓得高声尖叫。

一天，我们发觉康斯坦的双手有点僵硬，因为手上的皮肤伤口痛得他不敢活动。于是，我们教他做运动，学"海星"的动作把手张开、合拢、张开、合拢。他爸爸满心感激地一直在旁高兴地看着儿子。康斯坦喃喃地说着我不明白的土语，莉奥天娜给我翻译："他说他想乘车子，从来没乘过，他很想知道那是怎样的。"我们向他承诺，当他的健康状况好些，我们便用车子载他游逛。我们有很多车子接载我们和患者穿梭于医院、难民营等，当他脱离危险期，可以转到日间护理中心时，他就可以乘车子了。

隔天早上上班的时候，莉奥天娜告诉我坏消息："昨天晚上，他去世了。"

什么？怎么会这样突然呢？

我想到他的爸爸，那个时常以慈爱的目光看着儿子、逗儿子高兴的爸爸；我想到他走了三天的路回家看妻儿，然后带着儿子又走了三天的路来到这里，他甚至只能忍着悲痛，把死在途中的小儿子草草埋在不知什么地方的路旁；我想象昨夜，他如何陪着逝去的二儿子，那个我们承诺带他乘车的孩子，在黑暗中步向医院的停尸间……

我踏出营养中心往医院大门走去，我得赶时间去参加一个会议，我已经迟到了，为那个在10小时前死去的小男孩处理后事。其他的孩子们在阳光下玩耍，像往常一样跟我闹着玩，喊着："Chindele! Chindele!（白人！白人！）"他们是这样叫我的。我没看见康斯坦爸爸的踪影，但我走的这条小径他昨夜一定陪儿子的遗体走过。我泪水盈眶，从脸颊上滚下来，滴在我的袖子上，我的衬衣上。

我任由泪水流下，不管谁看见或不看见，我这"白人"，哭着从医院里走出来。

一天，我向我们的安哥拉籍统筹员弗雷特表示，希望他可以教我一点土语（Mbundu），因为我想问我的患者，他们当天是否接受过注射。弗雷特欣然同意。我跟着他说："Vaku-

康斯坦爸爸："Doutora 说他身体今天似乎好了一些。"

图片拍摄：Michael Loua

toma-ale o-injeccao?"他夸奖我的发音。我解释说，有时我的患者没有好转，我不知道他们是否真的得到治疗；我也不能肯定，助理们有没有把患者说的话正确地翻译出来。

我问弗雷特可否跟他上教堂，因为我想多了解一点当地人的生活。于是，星期日早上他便派车子来接我们。我们离开奎托市的主要道路，驶进泥建茅舍群中蜿蜒的小路。我们到达时，弗雷特已在一所铁皮顶房子的礼堂前等候。礼堂里挤满了人，我们进去时，里面的人都在唱歌。

简短的布道之后，弗雷特站起来准备介绍我，我也做好准备说几句话，这是本地习俗。我走到讲坛前。弗雷特说："这是 Doutora Ting，她的葡萄牙语说得很好，现在她也开始说我们的土语了！"众人都高呼"ocho ocho（很好很好）"表示嘉许。弗雷特又说："那天她问我，怎样以土语说'你今天接受了注射没有'？"我想："天！弗雷特，你不是连这个也要告诉他们吧？"

"她是那么关心她的患者，担心他们病情不能好转，所以要想亲口用土语询问，了解他们是否得到治疗。"众人鼓起掌来，喊出更响亮的"ocho ocho"。我真想在地上找个洞钻进去呢！弗雷特看着我，示意我发表讲话。

"Walalay（土语早安的意思）！"我说："我是从新加坡来的医生，很高兴来到这里，这是所漂亮的教堂……"

讲话完毕，我回到座位上，他们仍然在喊"ocho ocho"，声音响彻礼堂。之后又唱了一些圣诗，礼拜便完结。我们步出教堂，走到灿烂的阳光下。过去那个星期非常难熬，很多小孩死去，而我们仍不断接收到大量营养不良的孩子，部分病情严重；有些突然死去，没有任何明显的原因。车子在等，我们上车离去。车子开走的时候，很多孩子从教堂里跑出来，追着我们的车子，笑着向我们挥手。我终于想到，我们失去了一些孩子，但也有很多小孩的病情得到改善呢！

Ocho ocho!

每年，奎托市的无国界医生营养治疗中心，都要治疗约 4 000 名严重营养不良的儿童及约 23 000 名中度营养不良的儿童。感染，是营养不良患者致死的主要原因。奎托市营养不良问题存在已久，内战一天不终结，耕种就一天不能结果。

写于安哥拉，奎托市

2001 年 7 月

抓住她的手

李 雪 峰

那个病人，她可以不要那只残破的手，但你不能松开她的另一只手。

南苏丹位于非洲之角，于 2011 年从苏丹独立出来，成为世界上最年轻的国家。但自其成立以来，人们一直活在冲突、流离失所的阴影下。2013 年 12 月 15 日，内战在首都朱巴（Juba）爆发。2018 年 6 月 27 日，南苏丹总统萨尔瓦·基尔（Salva Kiir Mayardit）与最大反对派领导人里克·马沙尔（Riek Machar）在苏丹首都喀土穆签署停火协议，同意组建过渡政府，大规模内战渐渐平息。彼时内战已造成大约 40 万人死亡，1/3 的人口被迫流离失所。2019 年，南苏丹被联合国列为非洲最不发达地区之一，文盲率高达 85%，位于国际贫困线（日收入不足 2 美元）下的人口占到 90% 以上。

在南苏丹，无国界医生是当地最大的医疗人道救援机构之一，有 3 500 多名工作人员在 6 个州开展工作。其中包括受冲突困扰的联合州、上尼罗河州和琼莱州。无国界医生还在苏丹与南苏丹边境地带的阿卜耶伊（Abyei）行政区开展医疗活动，阿哥克（Agok）位于该区，无国界医生开设了这个 20 万人口的小镇上唯一可以提供外科手术的医疗机构。

图片提供：李雪峰 / MSF

李雪峰　　麻醉科医生

我来自中国的西北角，这里是多民族聚居地，也是中国的西部边境，所以我
一直都喜欢了解和感受各种各样的生活方式。2015 年加入无国界医生时，我
的岗位是麻醉科医生，曾经去过巴基斯坦、叙利亚、伊拉克、南苏丹的救援
项目。每个项目都是与众不同的，充满了感动和泪水。我觉得它们是我宝贵
的财富。

　　我来自新疆，这里一年四季很少下雨，当我听说要去南苏丹，而且项目时间正值当地雨季，我怀着"到南苏丹去看雨"的心情高高兴兴地出发了。2018 年夏天，去到项目上后，我发现自己太幸运了！我在项目的那段时间正是南苏丹内战各方的停火期。相比局势紧张的时候，我可以拥有较多的活动自由，只要没天黑，和同事凑足两人或以上，随身带着无线电，就可以出门走动，当然外出时我们还要严格遵守救援项目上的安全规定。

阿哥克医院营地一览。
图中间茅草屋顶的小棚子就是工作人员的宿舍。

图片拍摄：MSF

不过，这里终归是一个冲突之地，医院里平均每天有两三台枪伤者的手术。7月11日是南苏丹成立的纪念日，医疗队因为担心当地会有冲突和冲突导致的伤者，要求所有人都不能外出，必须在医院和营地里面待着，以应对可能的冲突引发的医疗需求。那一天我们接收了7名枪伤的伤者。

但是总的来说，我在南苏丹时局势还算平稳。这里的天空特别蓝，空气特别好。要问原因，就是当地没有太多基础设施建设，甚至没有任何工厂，大家住的都是很原始的草棚子，想有雾霾都不可能。

在世界的角落听到乡音

去到项目上不久，我们来自阿富汗的项目统筹便问我喜不喜欢运动，我说我特想跑步，他说那咱俩出去跑步，我赶紧说好啊。后来我们每天早上约着出去跑步一小时，跑到尼罗河的支流，再跑回来。有一天早上一起去跑步的时候，我听到有人跟我说话，转头一看，旁边跑过来一个高高壮壮的当地人。当地人口以丁卡（Dinka）族人为主，普遍个子高，这一族里还走出过NBA球星。

高个子大声对我喊着一句话，我隐隐约约听着好像是"哥们儿哪旮沓的？"但是我想我肯定听错了，就继续往前跑，结果他又追上来，拍拍我的肩膀，说："哥们儿哪旮旯的？"我的眼睛都要瞪得掉出眼镜框了，我问他："你会中文啊？"他又蹦出了一句"XX油田"。接下来他就用英语跟我说，他以前在苏丹的油田工作过，跟中国同事学了一些东北话，然后又回到南苏丹，好久没说过这句话了，其实

阿哥克医院门前的主干道。

图片拍摄：MSF

他就只会那一句"哥们儿哪旮旯的"，看到我，他终于有机会练习了。那天我和他边跑边聊，直到路过市集上一间小商店，他就拐弯回家了。

遇见狂野的大自然

在项目上，让我感到特别有意思的是每天都会有大暴雨，且次次伴随闪电。自己"人品"一向不好，所以每天都小心翼翼。

有一次正值下班时间，我在医院里刚完成手术，听到远方传来"砰"的一声，就知道要下大雨了。大家穿上衣服就跑，我跑得慢了点，因为我要跟一个第二天早上做手术的患者交代禁食禁水的事。等我交代完，穿上雨衣冲出来，暴雨已经下起

来了。我站在大雨中，被狂风吹着，有点发懵，是该往前冲一下去宿舍，还是该往后跑回医院？正在这时候，远处的天边，一道耀眼的闪电垂直劈下来，吓得我屁滚尿流往回跑，回医院里躲雨。

南苏丹的暴雨一般持续半小时到一小时。雨停之后，整个天空都是粉红色，特别漂亮。所以每次下雨，我知道躲过这一会儿就好。只是我们的宿舍都是茅草的屋顶，小小的窗户没有玻璃，有时我的草棚子也会泡在水里，我只好蹲在床上看书看电脑，等水退下去再下床。

和我一起生活的，还有蝎子、蜥蜴、青蛙等这些野生动物朋友。青蛙特别多，就在我的草棚子旁边，每天晚上兢兢业业地奏响贝多芬的《命运交响曲》。我听同事说草棚子旁边最好不要有青蛙，因为青蛙多了会招惹毒蛇。我几乎把草棚周围的小石头都用光了，想把它们吓走，它们也没搬家。好心的同事给我换了房间后，总算可以安然入睡。

有一天晚上，我很疑惑草棚门口怎么有那么多黄黄的东西在空中飞来飞去？后来我才反应过来那应该是萤火虫。这是我第一次见到萤火虫！雨后的萤火虫特别多，天上的星星也特别多，银河看得清清楚楚。有一天晚上聚餐的时候，我再次抬头看星星，坐在我身边的来自法国的后勤拿出了自己的手机给我看，原来她的手机上有一个应用，用它对上一颗星星，就可以看到那颗星所在星座的介绍，我俩就在那儿扫天上的星星，

每天早起和下班时，都可以看到云彩变幻。

图片拍摄：李雪峰 / MSF

有白羊座、天蝎座、巨蟹座……这也是我第一次认识那些星星……

星空很美好，但大多数时候我们要低头看路，尤其是每天晚上上厕所的时候，起身后我都会先踢一下鞋子，蝎子会从鞋坑里面爬出来，我再迷迷瞪瞪地穿上鞋，打着手电筒，照见路上四处逃窜的蜥蜴、蚂蚱。有同事在夜间上厕所的时候看到了蛇，但我却没有，我见到的蜥蜴特别多。去厕所和回宿舍的路上，我会很抱歉来来回回地扰乱了这些虫子们的好梦。

雨后的小屋子。请注意这些小屋子的屋顶铺了多层茅草，在当地属于豪华级别的小屋子。

图片拍摄：李雪峰 / MSF

失去的孩子

在南苏丹，我工作的地方叫阿哥克，我们的医院是方圆几十公里唯一的一家医院，提供二级医疗护理和手术服务。有的患者是被家人赶着驴车送过来，有的当地人坐上有履带的救护车穿过沼泽地过来，有时我们的飞机也会从其他更偏僻地区的医疗中心把情况较复杂的患者送来。在南苏丹的救援项目上，我们平均每天需要实施十四五台手术，全年无休。被蛇咬伤的患者特别多，此外还有因剖宫产、枪伤、烧伤、从树上掉下等意外事故送来的人，每天的工作都排得满满的，早上七点多去医院，有的时候晚上七八点钟才能回宿舍。

一天下午，我们在做剖宫产手术，重症监护病房（ICU）的同事打电话呼叫外科医生，他说 ICU 里有个一两岁的孩子，需要转到手术室，可能要立刻截肢。但是当时我们正在做一台剖宫产手术，外科医生正在剖腹娩出孩子，这种情况之下我们不可能把孩子接进来，就跟 ICU 回复说做完这台手术马上过去。剖宫产很快就做完了，母子平安，在医院里留观。

我和外科医生立即去 ICU 查看那个可能需要截肢的孩子的情况，那孩子当时已经昏迷，在检查和准备手术不到一小时的时间里，孩子突然咯血、呼吸停止，抢救无效后死亡。我们考虑可能是肺栓塞。那一天，大家都很难过。面对疑似肺栓塞的患者，我们力不从心。

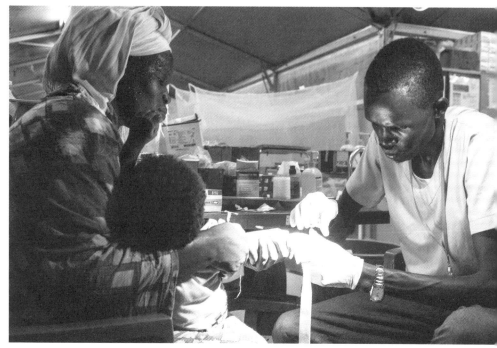

我们的医院 24 小时工作，全年无休。

当地人往往要长途跋涉来看病，一些人要徒步 10 小时。

图片拍摄：MSF / Laurence Hoenig

如果当时没有那台剖宫产，我们把孩子立刻接进来，会不会好一点？我想可能会好很多，但是因为那台剖宫产手术得做一个多小时，人手不够，手术室也不够，就一套设备一班人马，我们只能做完这台手术马上去接下一台，至今想起还是深深的遗憾。

美丽心灵的永恒阳光

在南苏丹，我见到特别多孩子在医院里，在营地外聚集。每天他们见我都说"Hello"，我跟他们说："Can you say 你好？"后来过了一个星期，队友说，这些孩子不管见到什么人都说"你好"。

还有一天，急诊科医生问我："手术室门口那群孩子，一见到我就喊着'功夫功夫'，还摆出出拳的架势，是不是你教的？"我说我没有教，都是他们自己学的。在这个项目上，孩子们很少见到黄皮肤的人，但他们对我很友好。

我印象比较深的就是一个陪着妈妈住院的孩子，孩子看起来三四岁的样子，他妈妈的年龄我就不知道了，因为很多时候他们自己也不知道。孩子的妈妈被蛇咬了之后，来到我们医院接受住院治疗。

我们的医院会给患者提供免费的食物并送到病房，但是患

无国界医生在阿哥克的医院是当地唯一提供二级医疗护理的医院。项目上儿童患者也特别多。

图片拍摄：MSF / Laurence Hoenig

者或家属需要自己洗衣服，或者去医院的取水点取水。这名女患者虽然在慢慢恢复，但还没有力气，每天只能躺在病床上。那个三四岁的瘦瘦小小的孩子就拎个大水桶给他妈妈去打水、打饭。我当时就觉得，宝宝太棒了！有意思的是，我当众夸奖了这个孩子后，病房里很多孩子也都学他给自己生病的妈妈打饭、打水，帮大人做些力所能及的小事。这些孩子们的心灵真的单纯又美好。

可 怕 的 毒 蛇

在热带地区，蛇咬伤属于最容易被忽视的多发病之一，治疗蛇咬伤一直是医护人员的难题，2017 年 6 月起，世界卫生组织正式将蛇咬伤列为最优先考虑的被忽视的热带病。在阿哥克，无国界医生每年大约会收治 300 名蛇咬伤患者，大部分都是在雨季入院的，一半人是在家里被咬伤的，因为蛇也会钻进居民家里，寻找一块干燥的地盘。在户外玩耍的孩子，以及在

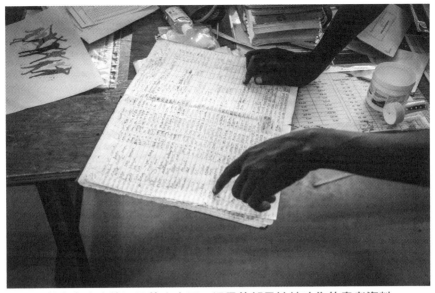

这个有着密密麻麻的记录的小本子，记录的都是被蛇咬伤的患者资料，以便工作人员及时跟进治疗是否有任何副作用。

图片拍摄：MSF

田里耕作的人，也面临着被蛇咬的风险。

我们的医院里，每天都有被蛇咬伤的患者需要治疗或者手术。我之前从未见过这么多被蛇咬伤的病例，就问急诊科医生，接到这种急诊怎么处理。他说，如果有症状，就要给患者注射抗蛇毒血清；如果没症状，就让患者留院观察。

有一天急诊室喊外科医生和我一起去看一个被蛇咬伤的孩子。去了以后，看到一个十多岁的女孩躺在房间角落的床上。女孩在家里睡觉时被蛇咬伤，送过来的时候已经昏迷了，医生们已经给孩子前后打了 3 剂抗蛇毒血清。

这是我见过的最严重的被蛇咬伤的患者。她慢慢清醒，但是病情还在恶化，上肢的肿胀一直在往上蔓延，全身和眼睑都肿了。她尿袋里的液体是红色的，也就说明有血尿，所以我们不知道，这是不是因为毒液里含有溶血毒素（蛇毒里一般含有神经毒素、细胞毒素，还有溶血毒素），更无法确认伤口切开之后能不能止住血。

经过一番考虑，我们决定等她的尿袋里没有血了，我们才能开始清创，而这已经是大约一周后的事了。我们每两天给她清一次创，后来孩子没有截肢，恢复得很好，在我离开项目的时候，她已经清了大概20次创。清创手术很疼，但年纪小小的她非常配合，特别乖巧，总让我很感动。

虽然大多数蛇咬伤患者来到医院时都情况危急，但只要来得及时，大都可以很快改善。我听同事说，治疗之所以如此有效，是因为在我来之前，他们把附近地区发现的一些蛇的蛇头砍下来，送去日内瓦的实验室，检测出当地经常伤害到人们的蛇毒类型，从而选择了有针对性的抗蛇毒血清。不过，在这之前，无国界医生会使用多合一抗毒血清，能够治疗10种撒哈拉以南的蛇造成的咬伤。而生产这种抗毒血清的药厂决定停产，最后一批抗毒血清在2016年6月过期，无国界医生因此才找到现有的方案。

现有的抗蛇毒血清都十分昂贵，如果没有我们的免费救治，每个患者要花掉相当于一年多的收入，当地人支付不起，因而很多医疗机构也没有存货，这似乎成了一个恶性循环。

幸 运 的 遇 见

在项目上，我最幸运的是遇到了来自科特迪瓦的外科医生JB。第一次和他搭台做手术时，就觉得这个在无国界医生的项目上工作了15年的男人很沉着稳重，处事不惊，并且很愿意和我学点中文。他说他刚加入无国界医生的时候，一句英语都不会，只会说法语，但是现在已经学会好几个国家的语言了，碰到我，他又开始学中文。每次手术结束，他都要诚挚地点着头把所有人感谢一遍，感谢大家的认真付出，让我感到非常亲切。

每天的手术结束后，我们常常躺在宿舍的沙发里，喝一杯苦涩的咖啡，这时候也是他给我上课的时间，他会在我面前念叨蛇咬伤的诊断和处理方案，在项目上遇到的典型手术：急腹症、麻疹、疟疾等种种疾病宝贵的临床治疗经验，让我受益匪浅。说到骨关节脱臼的时候，他会抓着我的四肢，把各个关节比划一遍，有时候我觉得自己真的要脱臼了……

有一天，我在JB身上看到了一直以来渴望见到的品质。

那天上午，有一位老年男性患者来到医院。他叫Amok，一年前子弹穿透了他的右脚踝，一直没处理，直到后来右脚踝肿得跟气球一样大，走路都困难了才来到医院。我们连续一周每天给他清创排脓，脚踝创面已经开始逐渐愈合。可是这一天，Amok拒绝进手术室清创，原因是他坚定地认为有人要害他，要吊死他，所以他要出院回家（他精神有点问题，这一点

男生中最矮的就是我，
我身边穿白色马甲的就是
令我尊敬的科特迪瓦外科医生 JB。

图片提供：李雪峰 / MSF

以前大家也有所察觉）。所有的医护人员里，他只让JB接近，其他人包括我都只能站得远远的。

气氛就这样僵持着。

JB耐心地安抚了他许久，慢慢地抚摸着Amok黝黑的背，蹲下身，抱起他，迈着稳稳的步子把他抱进了手术室，我能看到Amok满脸的眼泪。JB对Amok说："请相信我，再治疗一周，我送你回家，在这一周里，我来照顾你，没有人敢来伤害你，好吗？"Amok一顿点头。清创后，JB又抱起他走出了手术室。

我当时除了鼓掌都不知道还能干什么了。每次从项目上回到家里，妻子都会说我好像变得更有礼貌、更谦逊了，我想这是在项目上受到JB耳濡目染的结果。看到同伴们努力地去善待患者，也是让我觉得项目生活很美好的原因之一。

传统治疗师

在项目上，一个很无奈的现实是，很多村民生病后会先去传统治疗师那里，治疗无效后才来我们医院治疗，导致病情加重。

有一天，一个大面积烫伤的孩子被妈妈抱进医院，我们很快闻到了一股恶臭。孩子的妈妈告诉我们，几天前，她先把孩子送到传统治疗师那里，传统治疗师把一只旱獭的毛拔下来，糊在这个烫伤的皮肤上，伤处一直没好，她就来到我们这里。我们花了些时间把那些毛全部去掉，然后进行清创和上药。孩子在医院住了一周，经过反复的清创和用药，恢复得特别好。

还有一次，一名男子抱着个四五岁的女儿过来了，小女孩的左腿膝关节上面，肿得比我的腿还要粗。她爸爸说是孩子摔了一跤后就成这个样子了，他先把女孩送到传统治疗师那儿，传统治疗师给她用了一些药，没有任何效果，腿越肿越大，于是就到我们这儿来了。

如果是外伤的话，伤处里面应该是血肿为主，但是孩子的伤处摸起来却特别硬，里面绝对是有什么异物。讨论过后，医疗团队决定切开伤处，可手术前女孩又突然出现心力衰竭的表现，我赶快给她做了个 B 超查看她的心脏情况，结果发现小女孩整个胸腔里全是积液。

我和外科大夫立即给她做了双侧胸腔引流，放出大量血性积液。接下来几天，我们每天都在给孩子放出大量血性积液。

所有的医生们都在一起讨论这个病例。这孩子的问题绝对不是简单的外伤，但到底是什么问题？项目上能做的检查屈指可数，后来孩子每天都会产生大量积液，反反复复，最后还是去世了。

从项目上回来后很长一段时间里，我都在思考这个病例，我怀疑可能是骨肉瘤，一种恶性肿瘤，在这女孩的年龄段非常高发，也特别喜欢长在股骨远端，外伤后容易刺激它且容易恶化，而且双侧胸腔积液的症状也吻合。但是我也只能猜测，再也无法验证。

抓 住 她 的 手

这一天，急诊室收治了一名中枪的女伤者，她的一只手被子弹打烂了，由邻居送过来。邻居告诉我们，女伤者和儿子在草棚里面睡觉，穿着军装的人冲进去就开枪，儿子当场死亡，女伤者反应很快，侥幸逃脱。我给她打了麻醉，外科医生开始截掉她的手掌。她全程醒着。我感觉她应该会很伤心，于是就抓着她的另一只手，她虽然不喊疼，但当我伸手的时候，她使劲地抓着我的手，一直不放，抓得特别紧。我那天也没有太多工作，就一直坐在旁边，抓着她的手，轻轻拍着她的手背。她一直在说话，我听不懂，但是无所谓；我跟她说英语她也听不懂，就干脆跟她说起了汉语，我不停地轻声说着"没事了，没事了，一切都会好起来的"，试图去安抚她。后来，她慢慢平静下来，手术特别顺利地就做完了。

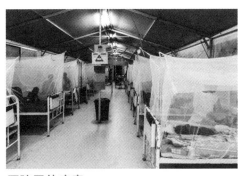

医院里的病房。

图片拍摄：MSF / Laurence Hoenig

握着她另外一只手的时候，我觉得当时她可能就是需要一只"手"，她所经历的已经不是身体的疼了，她也需要一个支柱。

那天原本因为第二天还有两台截肢手术，我感觉有点郁闷（看到患者最终会肢体缺损总不是一件让人开心的事）。这件事过后，我越发觉得，除了提供医疗服务，心理安慰有时也很重要，那位女伤患可以不要那只残破的手，但你不能松开她的另一只手。

我无法得知她之后的人生会有什么样的经历，我只知道截肢手术做完之后，她在医院里康复得很好，之后就出院了。

翅膀长硬的那一天

我们的项目全年无休，麻醉科医生也要随时待命，因此，麻醉科、妇产科、外科医生的任务时间一般是 6 周到 3 个月不等。我好不容易跟工作单位，也跟妻女请了两个月假跑出来参加救援任务，因此，在项目上的时候，除了自己手头的工作，我还会负责培训两名麻醉助手。

无国界医生的项目上大都有超声设备，但是南苏丹当地医生都不会用超声，所以我会告诉他们在超声下怎样去找到各种神经、坐骨神经、桡神经，然后我们要怎样才能把针打到那个位置上，他们对此兴趣益然。其实在国内这些技术已经很普及了，但是在当地对他们而言就是完全新的东西。

理论上，我们三个人会轮班，但是如果他俩遇到手术，肯定会把我叫上。我能理解他们的想法。外科医生 JB 也告诉过我，只要我站在旁边，让他们自己操作，他们心里就会觉得安全，如果我不在，他俩就很慌，但其实他们可以做得很好，很多时候我就是一个让他们安心的摆设。

一般手术的麻醉方法他们已经熟练了，但是一些比较复杂的麻醉，他们会有些陌生。项目上遇到新生儿手术，对整个团队而言又是新的挑战，看到两个助手那么紧张，我就努力表现得很沉着，故作轻松地跟他们说："没事儿，新生儿就新生儿，我们用最简单的方法，其他该怎么操作就怎么操作。"其实，盯着他们操作的时候，我一点都不轻松，我知道这个尝试对他们而言挺有挑战的，何况我们医院里只有最基本的设备，麻醉后都是全程手控呼吸，药品也是很基础的药。

即将离开项目的时候，我们的医疗统筹问我，他们俩能不能单独干活，我考虑了一下，还是建议麻醉医生在旁督导，等他们更熟练以后再独立操作，我很期待那一天早日到来。

像小偷一样离开

每天，我们一起愉快地工作，工作完有时间了，或者按时下班了，大家就会约在一起，到对面的餐馆，也是一间草棚子里面去吃羊杂碎、羊肠子。苍蝇一点都不见外，和我们一起吃，我们一边吃饭一边眼观六路，看到苍蝇落下去就赶紧把它轰走，接着吃。

当我终于收到一箱梦寐以求的中国方便面时，我有点哭笑不得，笑的是这是我最爱的红烧牛肉口味，哭的是到货的时候正是我要离开项目的当天早晨！

其实我很早就知道自己要离开的时间，于是一直计划着偷偷摸摸地走，我很怕自己受不了离别。在项目上的那几个月，你不可能不和医院、同事、周边村子的当地人产生感情和依恋。

每天都会有治好的患者跟我们拥抱，感谢我们。每天经过病房，回到我住的草棚子时，路上的患者和患者家属，有的坐在台阶上、树下，有的坐在轮椅上晒太阳，他们看到我都会热情地对我说："李，你好！"这种时候你得赶紧走过去，挨个跟他们握手。如果你跟这个握手，不跟那个握手，他们会生气的。每当这个时候，我都觉得自己在这儿还有点用，没有浪费粮食。

终于到了要离开的那一天，我尽力保持一切如常，直到有几个同事来找我，他们告诉我，在我们营地门口，有一个天天在附近玩耍的孩子，扯着嗓子喊我的名字，已经喊了好一会儿了……

我不知道是谁告诉那孩子我要走了。听着那声音，我心里特别难受，走去门口，便看到了那个瘦瘦小小、光着头、大大的脑袋、眼睛亮亮的孩子，他不会说英语，叽里咕噜说着一串串我听不懂的话。我走之前已经把自己行李里的物品送出去了，手头只有一个指甲刀，就把指甲刀送给孩子做个纪念。我想了想，又给他写了我在国内的手机号码，想让这孩子心里有点安慰，以后我们也许再也见不到了，但至少以后他想找我，还可以有机会找得着我。

2021 年 9 月于乌鲁木齐

永记心底的回忆

阿 依 夏 · 那 万　　　虽然我只在阿富汗待了短短的三个月，但那里好似我的第二个故乡。

数十年的冲突令阿富汗成为世界上母婴死亡率最高的地区之一。大部分妇女，尤其是郊区的妇女，经常在缺乏熟练的协助和健康欠佳的情况下生产，这使她们和婴儿的生命都要冒上极大的风险。无国界医生在阿富汗东部的霍斯特省为母婴提供安全和免费的产科和新生儿科护理。这间医院从开设之日起便见证着这块土地的动荡：2012 年 4 月，距离医院开张仅 6 周时间，这所妇产科医院发生了一次炸弹爆炸，造成 7 人受伤，医院因而暂停至 2013 年 1 月，之后医院因每月协助高达约 2 000 次分娩而被人们称为"婴儿工厂"。自 2016 年起，无国界医生的项目更专注于护理复杂分娩，并开始支援郊区三间医疗中心以加强其应对普通分娩的能力。2021 年，因局势动荡，医疗队重新扩大收治范围，以确保孕产妇的安全分娩及新生儿得到所需的医疗护理。

阿依夏·那万〔上图左一〕　　麻醉科医生

我出生在祖国边疆的一个小城镇，在大草原上长大，喜欢天文地理，自小就喜欢在深夜眺望银河——我们那里空气干净到能看到满天繁星。小时候我没想过当医生，后来父命难违，考入了北京大学医学部，成为了一名麻醉大夫。加入无国界医生是我进入医学院之后一直抱持的梦想，也许是因为我想浪迹天涯探寻世界真理的一次冲动，或者是哈萨克游牧民族精神在引导着我去帮助更多人。在项目上，当你发现周围来自全世界的救援人员中很多人和你志同道合时，那种归属感很是强烈，我希望不久的将来我能再次回到项目上，继续我想拯救世界的梦……

2021 年，阿富汗的政局变化每天都占据着新闻头条，朋友圈里也有很多人在关注着那里的动态，看着一篇篇新闻报道和很多公众号分享的那个并不遥远国度的历史，我对那里的回忆又像喷泉似的开始涌出……

那是在 2017 年，我被第二次派往阿富汗边境省份霍斯特省的一家妇产科医院。在一个月亮高照的晚上，我在宿舍接到急诊电话叫我赶紧去产房，于是慌忙换好衣服拿着挎包奔去。产房里依旧是热火朝天的气氛，在正中间的床位边，手术大夫拉莎（Rasha）和助产士正在紧急救治一位昏迷的孕妇，快速检查时发现她的生命体征已然没有了，我们一边按压一边将孕妇移到了旁边的手术间，抢救近 2 小时后，我们不得不宣布她的死亡，一起失去生命的还有她腹中的胎儿。

我们坐在一起快速回顾了这位孕妇的病历，详细了解了整个发病过程。根据助产士的描述以及产房里其他孕妇的回忆，我们大概知道了是什么夺走了他们的生命——那就是在发达国家的大医院都很难抢救回来的肺栓塞，至于栓子来自于哪里则无从考证，下肢血栓、羊水栓子都有可能……我们都很沮丧无力……收拾好情绪后，我和拉莎医生，还有本地麻醉大夫准备去和患者家属谈。那个时刻我其实很害怕，虽然我们没任何过错，但我无法面对家属悲伤的脸……

在家属等候区，我看见一个高瘦的男人，他戴着传统的普什图族帽子，穿着长袍，围着一个很大的深色围巾；拉莎医生

无国界医生霍斯特妇产科医院的大门，
上面有明显的"武器不得入内"
以及医疗服务不收费的标志。

图片拍摄：Vivian Lee/MSF

主诉，我在旁边补充，本地大夫为我们做翻译，讲述了整个救治过程及我们认为的一些可能的死亡原因。他一直沉默不语，等我们说完，他慢慢转过身向远处走去……

见过严酷的医患矛盾的我别提心里有多害怕了，多怕他身上有利器，怕他会因为过度悲伤与生气拿利器刺向我们（虽然医院门口安保是不可能漏过任何一个武器的，和其他地区的项目一样，霍斯特妇产医院也严格执行武器不得入内的规定）。

出乎意料的是，我们看见那个男人在一旁抖动着肩膀抽泣，过了一会儿，他擦拭了一下脸，转身缓缓走回来，用很轻的声音说着他们已经有四个孩子，这个胎儿原本应该是最后一个孩子（普什图民族讲究多子多孙）……又说他最近确实发现她有些不太对劲，他开始埋怨自己应该多关心她的健康，不知道该怎么向孩子们交代……最后他感谢了我们所做的一切。

当地人跟我说过，跟一个深爱的人告别是极其困难的，但只有爱他的人愿意放手，那个被深爱着的人才能安心地离去。

我和拉莎医生很久之后才从这个患者带给我们的情感冲击

里恢复过来。此后一周，拉莎医生一直在跟美国的同事讨论这个病历，并做了详细的病历报告，我也与国内的同僚们进行了各式讨论；我们不光要确认死亡原因，也要让自己更加迅速地明白，在这个没有完善的现代化设施的医院里，在事情恶化到这一步前，要怎样才能提前知道从而避免同样的悲剧发生，虽然我们都知道这很难……

霍斯特妇产科医院里的患者大多不识字，
医疗队用壁画开展健康教育，鼓励人们在身体不适时前往医院。

图片拍摄：Vivian Lee/MSF

这是一个异常忙碌的医院，每天的孕产妇就诊量、婴儿的出生率都很高，我们时不时就要面对疑难重症患者；手术及产房里的患者很多时候都需要输血，我们也需要源源不断的血源。

有一天，我们又像往常一样拯救一名难产孕妇，如果出血止不住，我们可能要切去她的子宫。她不停地出血，而我们也在不断地输血，在把她全身的血都快换了三四遍后，我不禁想，我们哪来的这么多血？在我原来工作的地方，医院也是很缺血的。助产士告诉我，很多时候，医院需要紧急用血就会给清真寺或给社区打电话。清真寺的毛拉、社区工作人员只要用广场的喇叭广播说医院需要紧急用血，很快就会有很多阿富汗男人聚集到医院去献血。甚至在医院的家属等候区，很多家属也会跑过来验血配型。这件事给我的震撼很大，在这么一个看似男尊女卑的国家，在女性地位如此低微的地方，男人们虽然没办法去改变生活的现状，但是他们把自己的鲜血献给身边的女人，来延续她们的生命，来给她们更好的生活。我手上接过的每一袋带着体温的鲜血都承载着爱。正如不是所有的花都会绽放，不是所有的爱都要用语言来表达，这也许是另一种形式的浪漫……

阿富汗人民给我的感觉更多是朴实与善良，在逆境中寻找着未来的道路。阿富汗的建设好似停留在了20世纪90年代。在霍斯特省，当地人普遍贫穷，学校和大学的入学率也很低。在营地里有这么一个小伙子，他是我们的清洁人员，人长得很

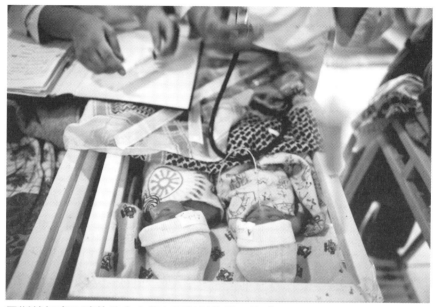

霍斯特妇产医院的助产士们在照料新生的双胞胎。

图片拍摄：Andrea Bruce / Noor Images

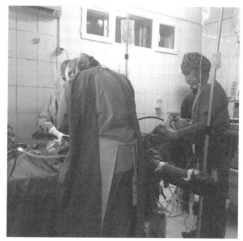

阿依夏·那万（右）在 2016 年和 2017 年
两度前往无国界医生霍斯特妇产医院
参与救援任务。

图片提供：阿依夏·那万

瘦削但是眼神很坚定，也很谦虚友善。每天他要和另外两个年长的本地人清洗很多床单，打扫每一个房间。跟他成为朋友之后，我才知道他本是一名大学生，因为父亲去世而突然辍学，他在无国界医生的项目工作是为了边赚钱边学习。只要有时间，他就会参加营地里常规组织的每一次讲课、每一次培训。他还喜欢借书阅读，喜欢和外国大夫和助产士们聊天来提高自己的英语水平，想的就是有一天能够回到学校。他说，他的国家正在发展，每一个人都有义务去为自己的国家做点贡献。他相信自己的国家总有一天会需要他这样的人才，而如果那时候没有准备好，他会非常的自责与羞愧。他相信知识能改变命运，知识也能够改变一个国家。

2021年的政局变化，让很多人非常担心阿富汗女性的生活。在战争与灾难面前，女人、孩子和老人都首当其冲容易受到伤害。说到阿富汗女性，那些在蓝色罩袍下生存的人，虽然我跟她们只能通过翻译来交流，但我在医院里见到过她们脱去罩袍后露出的美丽脸庞，很多时候我会安静地看着她们，观察她们说话的样子。她们会为新生儿的到来而欢喜，也会为逝者悲伤，她们乐观坚强，那些助产士和护士们也和国内的护士小姐姐们一样，美丽、勤奋，喜欢开怀大笑……但她们走出医院后就会穿上那个厚厚的罩袍，而那并不是一块很单纯的蓝色的布，它上面有很精美的立体刺绣，特别是笼罩于眼部的那块精心设计的薄纱；我想或许每个女性都渴望美，无论是走在法国时尚大道上，还是被罩在厚厚的罩袍下，再怎么遮住每一寸肌肤，也还是追求美，这其中隐约透露着一点点调皮，也包含着无声的反抗……

虽然我只在阿富汗待了短短的三个月，但那里好似我的第二个故乡，我真诚希望不再有战争，不再有贫穷，每一个生命都能够安全地诞生、成长，每一个儿童都能有一个快乐的童年。

我如此地渴望有一天，能够以一个普通游客的身份，回到那里跟我的阿富汗朋友们再次相见，能够自由地走在街道上，能够去买那些美丽的服饰、漂亮的耳环，能够去品尝街边的各种小吃。

我相信这样的日子总会到来，而在那天到来之前，我还会再继续……

2022 年 1 月于北京

灵活与坚持

韦 雷
Jordan Wiley

一下子似乎有百万个问题须立即解决。

多年来，海地不时经历自然灾害、经济危机、政治危机的冲击，更不时爆发暴力冲突，治安恶劣也往往令居民难以获得医疗服务。此外，海地也是世界上最贫穷的国家之一，59% 的人口收入在贫困线以下。很多人无法负担医疗费用。无国界医生自 1991 年起在海地提供医疗援助。

2010 年 1 月 12 日海地大地震后，无国界医生在首都太子港的四所医院于地震中都受到不同程度的损坏。当晚各工作队一边奋力稳定求助者的伤势，一边寻找失散的同事以确定他们是否安然无恙。逃过大难的队员迅速疏散危楼里的病患，并从瓦砾中挖出死伤的患者和同事。震灾中我们共失去 7 位员工。医疗队日夜不停救治伤者（其中有大量多发性骨折、肢体压伤、头骨碎裂、脊椎受损、严重烧伤的重症患者），又因灾民露宿街头，卫生条件差劣，震后不到一周，新来的患者中已包括大批足以致命的严重感染、败血症和坏疽个案，需要紧急处理。灾后 7 天，无国界医生已治疗 3 000 多人，进行手术 400 多台。

地震发生时，无国界医生一名后勤人员韦雷正在太子港的圣三一医院（La Trinite Hospital）工作。以下是他于震后返回美国，给亲友报平安的电邮。

图片提供：Jordan Wiley

韦雷 Jordan Wiley　　后勤人员

我专职于突发公共卫生事件应急管理，亦曾从事搜救工作。先后参与过无国界医生支援的尼日利亚哈科特港创伤医院、苏丹西达尔富尔的创伤医院、海地太子港的创伤医院等项目，以及于尼日利亚北部推行的大型紧急疫苗注射计划。

加入无国界医生，是因为我已厌倦了守着电视看世界各地的灾难而自己不尽一份力。我既有一定的天分，不身体力行参与援助，就是浪费了天分。我喜欢无国界医生所做的，能与这样的组织一起工作，我感到荣幸。

各位亲友：

　　感谢大家送来祝福。当我周遭的世界崩坍瓦解，是你们的慰问给我增添了力量。

　　去年9月以来，我一直在海地太子港参与无国界医生的工作，并于地震后留守了一个星期。地震造成的破坏，你们当然都已经知道。这是我遇过的最刻骨铭心的经历。与我同队的国际人员有幸逃出生天，然而多名海地同事不幸遇难，许多人至今下落不明。

　　简单讲讲当时的情况吧……

　　地震前几分钟，我正在医院大楼顶上检查水管线路。快5点了，我下楼穿过医院，跟一些同事、患者道晚安，横过马路，往设在对面药房里的办公室走去。一踏进药房，耳边传来低沉的隆隆声，地面开始左右摇晃，摇晃剧烈得不抓着些家具、墙壁什么的，根本无法行走。

　　地震到底持续了多久，实在不清楚，大概有10秒，也许15秒吧，是非常剧烈的左右摇动。当时药房里还有其他3名国际救援人员，我们刚跌跌撞撞地逃出门口，一股混凝土灰尘巨浪般迎头劈来——是医院！我们的医院倒塌了！

　　那幢曾经三层高的医院大楼，底下一层完全不见了！一楼原本有候诊处、急诊室、放射科、重症监护室，还有血库，每间房子里头都有人，有同事，也有患者。大楼坍塌后摇摇欲坠，相当多的人被困甚至被压在塌方之中。

震后那瞬间，天地无声，一片死寂。三四秒过后，一下子整座城市爆发出刺耳的尖叫，一种近乎歇斯底里的喊叫和恸哭。这，我肯定会永生难忘。

马上，本区所有的人，几乎都涌来我们医院求助：10人……50人……500人……10分钟不到，前来求助的人数已经上千。人群继续涌来，继续涌来。医院前面的大街上，挤满了已死的、垂危的、受伤的和惊恐万分的人。我们医院是首都里为数不多的创伤医院。人群发现医院也倒塌了，不免惊慌失措起来。

当时我脑子里闪过的第一个念头是——"医院紧急应对计划"，也就是医院应对大规模伤亡时的方案。我马上通报项目协调员。随即我意识到，要采用这个计划，得先有个安置患者的建筑物；而现在医院已经没有了，那计划也就难以实行，得先寻找安置患者的空间。

药房里有医疗用品。那建筑物也还立得稳。所以药房立刻成了我们的新医院。接下来的六七天里，我们把药房和它前面的街道变成一所临时医院。

我们有医生，有护士，有后勤人员在现场。医疗救援是实时开展的。一下子似乎有百万个问题须立即解决——规划患者护理区、寻找医疗物资、保障医院范围安全、协助患者和员工撤出危楼、从废墟中抢救医疗器械、设置无线通信……急需处

那曾经是三层高的医院大楼，底下一层完全不见了。

图片拍摄：Julie Remy

理的事没完没了。

这当下，有些人奋起应对。我目睹了一些最有心、最勇敢的行为——许多本地员工家里受灾仍回来上班、不少当地人也义务投身相助，实在叫人感动。头三天，谁都没睡过觉。医院里的饮用水眼看就要用完了。食物短缺，好几天大家都没吃的，我们就用治疗营养不良儿童的即食食品来挺住。一连几个晚上，医护人员在仅余的一辆汽车的头灯照明下，在街上通宵达旦地为伤者止血、包扎、急救。

首次地震后 24 小时，队里一位来自科特迪瓦的医生问我："有可能搞个手术室吗？"对！何不试试？我们有很多货运木托盘、塑料布、消毒过的包装纸和各类物料。我们就在户外搭起一所临时手术室，又一小件一小件地把物资从医院的残骸里抢救出来：医疗器械，氧气浓缩机，还有多部其他的医科机器。

震后 40 小时，医生们已在做第一批手术：有紧急截肢，甚至紧急的腹腔手术。也有伤者需要更复杂的手术，但没有合适的条件，医生们无能为力。药房后边有三个集装箱，是拉在卡车后座的那种海运集装箱。我们清空了其中一个，将它改装为第二号手术室，外科医生们、护士们得以进行更多生死攸关的手术！

在药房外边，我们建起了完完整整的一所野地医院：分流处、急诊室、病危护理房、手术室、消毒设备、小型药房、血

库、电力供应和后备供水等，五
脏俱全。野地医院不怎么中看，
却能运作流畅。

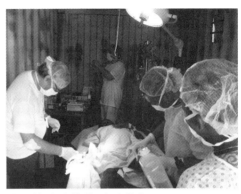

我们团队齐心合力，成功营
救出多名被困的住院患者。尤其
难忘的，包括从危楼中撤出一群
肢体装嵌着外固定金属支架的骨
折患者，以及经过挖掘瓦砾、锯
断杂物后，从医院底层救出的好
几个人。有个年轻男子埋在塌
方下 4 天，直至一支由委内瑞拉

**集装箱改建的临时手术室，
条件比在户外已有所改善。**

图片拍摄：Benoit Finck

人、秘鲁人和美国人组成的国际搜救队把部分建筑物稳固了才
终于获救，其间我们用一根 5 米长的喉管给他送水送食物。还
有，我们在震后 30 小时找到了可爱的小兰丹，是我和好友艾
伦在翻倒的床下发现她的，手上还插着静脉注射的针管，重逾
千斤的混凝土块就落在离她几寸之外的地方。

头 3 天过后，无国界医生大批紧急救援人员陆续抵达。我
们医院原驻有国际救援人员 12 名，连同组织在海地另外几个
项目的国际救援人员共 30 人。现在，来增援的紧急救援人员
总计已超过 130 人。根据组织惯例，一旦发生灾难性事件，原
班人员待紧急救援队伍抵达后就会撤离。然而，要告别海地，
我们小队中有些人不乐意，起初我也不情愿。在与项目主管、

当地的同事都谈过之后，我终于能心平气和地同意让紧急救援队接手。原来的任务已经发生了重大变化，许多伙伴、同袍不幸身亡，我们也筋疲力竭：事情是做了不少，但需要做的还有许多许多，是应该退下让位给生力军了。

震后第 7 天，我们小队把工作交给紧急救援队接管，经由多米尼加共和国离去。往后几天是那么超现实、那么的激动。我们终于有时间讲述自己的经历，分享彼此的酸甜苦辣，回头看这一路走来的不可思议。然后，大家各奔东西，飞往非洲、欧洲、中东和北美，返回各自的家庭。

现在我已回到了在波特兰（Portland）的家，尽量地休息。对队友们我满怀感激，又深为共同取得的成就而自豪。几天前经过无国界医生的纽约办事处，得悉我们已有 12 个手术室在海地不停地运转，充气帐篷医院也已搭建好，正在为更多的伤病者提供照护。写信此刻，我还一路地收到短信：有哪几个朋友证实遇难，哪几个仍未有栖身之所……

无国界医生在海地提供医疗援助已 19 年了。相信往后我们还需在那里工作很长一段时间，纵使震灾不再是传媒焦点，纵使外界会把海地忘掉。

再次谢谢你们每个人所给我的支持。再谈。

2010 年 1 月 22 日

编者注：

　　无国界医生增援队伍到来之后，迅速寻觅市内结构仍然安全的建筑物改装成临时医院，又搭起具备两个手术室和 200 张病床的充气帐篷医院。医疗队从震后第 9 天起增添心理支援，第 12 天起设置手术后康复护理，第 15 天起为灾后缺乏合适食物的婴幼儿提供营养补给。后勤队伍则供水筑厕及派发赈灾物资。由于灾区六成以上的医院诊所被毁，无国界医生大幅增设医疗点，运作的医疗中心在灾后第三个月已增至 26 间，员工亦从震前的 800 位增至 3 000 多位，诊治伤病者超过 52 000 人。无国界医生还呼吁国际社会援助海地重建时，应协助该国提高公营医疗服务的能力，避免只顾及短期需要。

在伊拉克重症病房的120天

刘 一 云

虽然在重症监护病房（ICU）工作多年，但我从未在这么短时间内见过这么多的生离死别。

在多年的冲突里，伊拉克首都巴格达的医院早已习惯于爆炸导致大批伤员涌入的场景。在 2020 年夏天，当新型冠状病毒疫情开始在该市肆虐，原本久经考验的医疗系统也终于不堪重负。

刘一云，一位来自上海的重症医学科医生，在 2020 年 10 月前往伊拉克巴格达的金迪（Al-kindi）医院参加无国界医生在当地的项目。虽然在参加项目前已经有 9 年的重症病房工作经验，但在伊拉克的 120 天还是给她带来了全新的挑战。

图片提供：刘一云

刘一云　　医生

毕业于上海交通大学医学院，获外科学博士学位。其后在上海交通大学医学院附属瑞金医院工作 9 年，任重症医学科主治医师，于 2020 年 9 月底辞职。

参与人道救援，可以是投身前线，向身处困境的人伸出的援手；可以是坚守后方，为人道精神发出的声音。这个世界有太多太多需要帮助的人，作为医生，我选择投身前线，用我的能力去帮助、去救治。无论走上这条路使得我放弃了什么、付出了什么，在伊拉克工作生活 6 个月的人生经历已经告诉我，这一切都是值得的。

对于许多年前的我，加入无国界医生是像做梦一样遥不可及的事，而现在的我可以用自己的亲身经历告诉所有人，坚持和勇气就是通往理想的阶梯。我仍在路上，希望未来的路上能遇到正在读着这本手记的志同道合的你们。

2021 年 4 月 5 日，我终于从巴格达乘上了飞往广州的航班。这半年的经历，让我终身难忘。

我是一名重症医学科医生，我喜欢医生这份职业，也热爱在重症监护病房里的工作，去年辞职去做无国界医生的时候，我已经在上海瑞金医院工作了 9 年时间。

早在 3 年前，我就常常问自己，展望未来十年，可以看到自己过着什么样的生活，无非是大多数人期待我过的人生。但是，离开上海瑞金医院这么好的条件支持，去到资源缺乏又很需要医生的地方，按照自己的能力能够做到什么程度？这个问题一直在我脑海挥之不去。

2017 年的一天，我听一个朋友说起她想参加无国界医生的梦想，似乎给了我一个启发——身边就有人在准备参加这个组织，看来这个梦想并不是遥不可及！ 30 多岁的我，一直在上海生活，连出国的次数都寥寥无几，我想要离开舒适区，去看看广阔的世界，增加阅历。于是我在无国界医生的网站上递交了申请，在接受了电话面试、面对面面试、外语能力测试等层层考核后，我终于成为无国界医生的一员。但是当时无国界医生对危重症医生的需求并没有那么大，第一个项目让我等候了 3 年时间。

这 里 的 黎 明 静 悄 悄

2020 年 10 月，我接受了无国界医生人力资源部门的简报，从上海飞香港，再飞多哈，最终在离开上海 21 小时后抵达巴格达。当时新冠疫情全球大流行已经开始，但机上乘客都穿着如常，只是都戴上了口罩，没有人像网络段子里调侃的那样穿着"太空服"。在飞机上那么久的时间里，乘客肚子饿了可以吃饭，渴了可以喝水，让在疫情大流行时期出发的我略微缓解了一点紧张情绪。

走出巴格达的机场，正是凌晨五六点钟，无国界医生的车辆已经在机场等我，送我去机构指定的隔离酒店。来之前，我对伊拉克的印象还停留在新闻里的战乱国家，以为自己偶尔会听到枪声和爆炸声，随处可见战争后的景象，但行驶在巴格达清晨没有什么人的马路上，两边的街景展现给我一个比想象中平和的城市。隔离期间，我只能从酒店房间的窗口往下看到城市的一角——对面的建筑工地和车水马龙的道路，眼前的巴格达沐浴在一片祥和之中，如果不是因为看到楼下哨卡的坦克和坐在坦克上的持枪军人，根本想象不到这就是真实的伊拉克。

在酒店隔离期间，我接受了同事的简报，结束隔离去到项目办公室后，又接受一轮简报，最后去到了我们支援的金迪医院。从驻地到医院的路程并不长，不堵车的时候 20 分钟就可以抵达，但堵车的时候，花费两小时回宿舍也是经常有的事。

和上海发达的公共交通系统不一样，这里的人们主要依赖私家车，路上交通并不好。

至暗时刻

2020 年 9 月，伊拉克每天有接近 4 000 例"新冠"新发病例，每周约 500 人死亡，据报告 30% 的病例都在巴格达，令当地的医疗系统不堪重负。从上一年 7 月开始，无国界医生的医疗队在呼吸护理病房（RCU）提供支援，见到了医护人员的困境，便和卫生部门达成了协议，从 9 月份开始在巴格达的一家教学医院（金迪医院）内开设新冠感染治疗病房，专门接收重症和危重症新冠感染患者。一开始医院有 24 张床位，其后增加到 36 张床位。

这家医院算是当地比较好的医院了。当地医生都很好学，博闻多识，但伊拉克的医疗教学系统里没有重症监护这个专业，他们也都不是 ICU 医生。所以我在诊治患者的工作之余，还需要给他们组织课堂培训和床边培训。

虽然接受了很多简报，做好了思想准备，但初到医院的时候，当地医院的条件还是让我倒吸了一口凉气。这里的硬件设施自然是无法与上海三甲医院的 ICU 相提并论，这里病床总是满的，但只有 3 台大的无创呼吸机。气管插管是 ICU 很常

金迪医院的新大楼。

图片拍摄：刘一云 / MSF

见的操作，但考虑到在疫情下实施插管对医务人员的危险性，当地政府规定不得对新冠感染患者实施插管，因此我们在病房里对重症患者提供的最高呼吸支持力度只能到无创呼吸机辅助通气。医院里也在加紧建设专门收治新冠感染患者的新大楼，大楼 2021 年 12 月终于启用，并为每个患者配备了单间病房和监护仪，也有了足够的呼吸机。那时候我已经在当地工作两个月了。

和上海很不一样的是，这里的护士基本只做治疗的工作，由家属陪护患者，其中大部分是老年患者的子女，很多家属会24 小时陪护患者，晚上就睡在患者身边。我们担心他们的健康和感染防控问题，经常提醒他们戴口罩，尽可能做好防护。

　　伊拉克经常断电，医院里经常需要用发电机发电，有段时间供电时常出问题，后勤部门的同事会立即排查问题并解决。在防护方面，除了 N95 口罩，我们的穿戴和上海普通 ICU 的穿戴没什么差别，但我很快感受到物资的紧张，我在项目的第一个月时还有 N95 口罩，但后来只有 KN95 口罩，需要额外佩戴面屏防止患者体液喷溅。按规定 6 小时要更换一次口罩，但最艰难的一段时间，连 KN95 口罩都快没有了，有时候就要坚持一个口罩戴一天。

　　我们的病房专门收治重症和危重症新冠感染患者，患者大多是六七十岁，因为当地偏好高脂高热量的饮食，所以我们收治了很多超重患者，大部分患者都伴有高血压、糖尿病或心脏病等基础疾病，给我们的治疗带来很大困难。而当地滥用抗生素导致的抗生素耐药的情况也很严重，一旦患者继发感染，用普通抗生素大多效果不佳，往往需要使用最高级别的抗生素。这些情况和我在上海遇到的患者情况均有不同。

　　在这样的条件下，我们还要

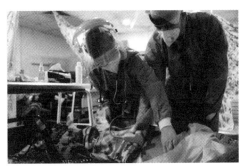

刘一云（左）在金迪医院
病房内查看患者状况。

图片拍摄：Ghada Safaan / MSF

面对患者就诊太迟带来的压力。询问病史的时候我们经常发现，很多患者在其他的诊所、医院，甚至在自己家里已经治疗了两周时间，最终因为病情恶化才来到这里。到医院后，有的患者已经出现严重继发性感染，甚至发生脓毒性休克，有的患者很快发展到脏器功能衰竭阶段……

很多患者就这样救不回来了。每当我拼尽全力，用尽了能用的一切办法，仍然没有办法救回患者的时候，心情会低落到谷底。与此同时，所有的家属都会围着我想听到关于患者的好消息，而当地医生也格外关注我的一举一动，迫切希望从我这里学习如何把同胞从死神手上夺回来。最初一段时间，我时常质疑自己，觉得自己是来帮忙的却帮不上忙……那段时间里，当地医生对我说，在这个项目开始以前，他们面对的是重症新冠肺炎患者几乎百分百死亡率的困境，而在我们开展这个项目后，情况已经改善了很多，死亡率也降低了很多，他们很感激我们所做的一切。这番话给了当时处于适应期的我很大的鼓励。

刘一云医生和当地同事。

等眼泪流干

　　这里病房的工作强度经常比我在上海的工作强度还要大。我在上海工作的时候，一个 ICU 有 12 名患者，而这里有 24 名患者，只有两名 ICU 医生，和轮班的三四名当地医生。其实当地医生都很认真负责，但好像这里的人们也相信"外来的和尚好念经"，家属们仍喜欢找外国来的医生看病。最初的两个多月，我在病房每周工作 6 天，每天早上 7 点多从宿舍出发，8 点开始上班，中午有半小时吃饭时间，晚上 6 点半离开医院（无国界医生规定，国际救援人员不能值夜班），每周休 1 天，这样长时间的工作负荷在后来患者数量较之前减少时才有所减轻。上班时间我们经常脚不离地在病房走动，一半时间忙碌于各个病床间救治患者，一半时间被家属和当地医生围绕，向家属告知患者病情，和当地医生讨论患者病情。休息的时候必须 24 小时带着手机，值班的当地医生随时可能给我们打电话，讨论患者情况，凌晨接电话也是常有的事。

　　有一次，一位 70 多岁的老太太在我们病房治疗了一段时间，她的家属非常善良，不仅照顾老人，还帮忙照顾其他患者。在所有人的努力下，老太太的病情一度有所好转，我们都期待她能早日康复出院。然而，突然有一天，护士跑过来告诉我患者突发晕厥，我和当地医生、护士快步赶到她的病床，发现她发生了心跳呼吸骤停，我们立即实施心肺复苏，却依旧没能将她抢救回来。撤走抢救设备的时候，一大家子人就在病床旁围着老人嚎啕大哭。起初，我想和当地医生讨论患者的死因，但刚说了几句话，我就没办法说下去了，立即转身，快步走到病房外面一个无人的角落，眼泪瞬间就掉了下来……那一刻，我的内心充满着对救不回患者的自责和无力，做了那么多努力，却无法改变结局！我的眼泪止不住地涌出眼眶，顺着两颊往下流，可是因为新冠疫情的关系手不能随便摸，不能擦眼睛，没有纸巾，口罩也很宝贵，我只能站在原地等眼泪干了，再回到病房，当作什么也没发生过继续和当地医生讨论。

那是我在这个项目上第一次哭。4个月的时间里，这样揪心的情况发生过几次，有时候仍会有无力感：尽管拼尽全力，但很多患者的结局在一开始就注定了。这也是ICU医生乃至每个医生经常要面对的残酷现实，做了9年的ICU医生，尽管每次都拼尽全力，还是会觉得自己有时候很软弱，还是会忍不住埋怨自己，忍不住去想是不是哪里没有做好……

我 开 始 思 考 死 亡

出于尊重当地信仰的考虑，患者最后去世的时候，我们不能跟家属直接提到"死"这个字。我们所有的治疗都是透明的，家属一直在旁边看着，都明白当我们停止抢救撤走设备时意味着什么，这个时候，当地医生也会用阿拉伯语和家属说明情况。

让我感动的是，不管患者的结局是好还是不好，家属都对医护人员充满感激，每天查房时也都会对我们说"谢谢"，哪怕是患者病情加重的时候。有时我很难直视家属，唯恐给他们过高的期待，但他们还是会说："医生，不要紧，你尽管告诉我们实情，不管结果怎么样，我们都很感激你们。"

这里的家属和我在国内遇到的大多数家属一样，大部分人都会不断跟我们说"医生，请你尽力去救他（她）"，即使看到患者因为病情危重而承受着巨大的痛苦，他们仍想要我们竭尽全力去治疗。我们的项目为患者提供免费医疗，所以基本不存在因为经济原因而放弃治疗的情况。

虽然在 ICU 工作多年，但我从未在这么短时间内见过这么多的生离死别。当患者病情危重，救治希望渺茫时，当地医生的眼睛都盯着我，希望从我口中得到问题的答案——接下来该怎么办？还有更好的治疗方法吗？患者还有希望吗？我知道所有人都希望把患者救回来，但我也知道如果继续给患者最高强度的治疗不但无法改变结局，还会增加患者的痛苦。然而，"放弃"从来不是一件容易的事。我一直认为，医生放弃的时候才是患者真正失去救治希望的时候，所以，选择放弃高强度治疗，转变为姑息治疗对我是一个很大的挑战。

这似乎是医生的通病，我们总是会对救回来的患者觉得理所应当，对救不回来的患者耿耿于怀。在这 4 个月的时间里，这种耿耿于怀的情绪于我尤其强烈。但回头想想，这里的医疗资源和工作条件确实无法和上海的 ICU 相比，在这个项目工作的所有人已经在有限的资源和能力下做到了最好。所以，面对没有救治希望的患者，我必须接受我们这支队伍和我已经竭尽所能，继续高强度治疗只会增加患者痛苦和浪费宝贵的医疗资源，我必须做出选择，和当地医生解释采取姑息治疗的理由，和家属详谈将患者的治疗目标转变为减轻痛苦，并让他们能够接受患者的结局。

通过同事之间的聊天和讨论，我发现这或许也是东西方人在思维上的不同，欧美人普遍能接受姑息治疗的观念，对于肿瘤晚期患者或者 ICU 内病情逆转希望渺茫的危重患者，治疗目标以减轻痛苦为主；而在国内的 ICU 内，无论是医务人员，还是患者家属，大家仍习惯"拼到底"的治疗模式。在什么节点选择姑息治疗，这个问题没有正确答案，对答案的追寻也无所穷尽。时至今日，我仍在思考，也愿意去下一个项目继续探寻。

2022 年 3 月于上海

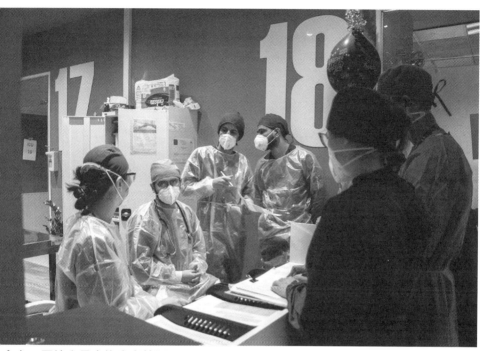

会上，医护人员交换患者情况。

†拍摄：Hassan Kamal Al-Deen / MSF

我在徐风中苦思

施 祖 翰
Johan von Schreeb

对于落后地区无辜受害者的承担，其实就是对人性的承担；说到底，这种承担，才是我们免于堕入灭绝人性之境地的保障。

1991—2000 年，塞拉利昂政局动荡，政权数度兵变易手。反对势力"革命联合阵线（Revolutionary United Front）"在邻国利比里亚的支持下，夺取了塞拉利昂东部国土，并一度入主首都弗里敦，以砍断前臂等恐怖手段震慑平民。西非国家联盟 1998 年派出维持和平部队（简称维和部队）把反对派武装分子逐出了弗里敦，仍未能平定叛乱。

1999 年初武装分子再度攻占弗里敦部分地区，数周后被击退，但已造成广泛破坏，5 000 名居民被杀。2000 年，联合国数百名维和部队人员遭武装分子扣押挟持，英国派出特种部队协助政府军救出人质，继而于翌年进行解除反对势力的武装。内战终于 2002 年 1 月结束。

战争期间各派武装分子和亲政府的民防部队，都广泛征募和使用童兵。联合国塞拉利昂特派团在该国 6 年的维持和平工作中，共解除了约 7 000 名童兵的武装。征募和使用童兵是战争罪。

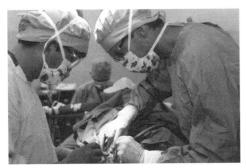

图片摄影：Ann Johansson

施祖翰 Johan von Schreeb　　医生

我是瑞典籍外科及战争手术专科医生，致力于人道工作。1989 年首次参加无国界医生，到阿富汗从事救援工作，其后返回瑞典成立无国界医生瑞典办事处。1995 年开始，先后前往卢旺达协助救援种族大屠杀的幸存者、肯尼亚北部的索马里难民，到赛拉利昂担任外科医生等，并连同家人在柬埔寨农村地区工作、生活了一年半。我的儿子常常充当我的传译员，因为他的柬埔寨语比我好得多。现在我在大学进行人道危机的分析和研究，但随时候命为无国界医生工作。

随着隆隆的起飞声，俄制直升机朝塞拉利昂首都弗里敦进发。我满身淌着汗，双手掩耳，骤然意识到危险。我再一次离开瑞典的安逸，要用3个星期给战乱中的伤者设立医院和施行手术。这场战争的邪恶和残酷令我深受困扰，我渴望探求人类是怎样让自己沦为邪恶的化身。

2个月前，叛军侵入弗里敦，几千幢美丽的木房子给烧光了。城里的人有的被烧死，有的给拉到街上，面对12岁童兵给他们"长袖"和"短袖"的选择。断臂残肢已经是塞拉利昂生活的一部分。老康德是开货车的，他的手腕被砍的时候，由于那柄斧头不够锋利，腕骨给砸碎了，一双手却勉强地连着晃来晃去。由于资源十分缺乏，我救不了他的手，只能把它们完全切除。以后老康德要面对没有手的日子。

像这样由子弹、手榴弹、斧头等造成的永久残废，我做手术时遇得太多了。带枪的孩子是可怕的。我在一处关卡遇到个10岁的小孩，他的眼神虽四处流转，但出奇地充满自信，我敢说只要稍有动静，一刹那间他的AK47就会开火。

塞拉利昂的童兵很多是从自己的村庄家园给掳走的，被强迫加入叛军。作为"入会"仪式，他们很多被迫杀害父母，摧残自己的兄弟姐妹，自此他们什么都干得出来。曾经有两名11岁的武装童兵互相打赌，猜一位孕妇腹中婴儿的性别，其中一个得意洋洋喊道："我赢了！"一手炫耀着胎儿女婴，一手握着血淋淋的刀。

童兵的存在，是一个正在崩溃的社会的痛苦现象。没有道德价值观的人，是一具具致命的机器。孩子的想象力还是完整的，由于没有道德指引，他们在军中禽兽般的行为只是一场场充满创意的游戏，个中残酷令人无法理解。霍迪只有9岁，在军中染上毒瘾，他目前在联合国儿童基金会设立的童兵营地，哑巴般不肯吭声，黏着营中的成人寸步不离。谁都不知道他干过什么，连他自己也不知道。

塞拉利昂，这个冲突各方都容许道德沦亡的社会！国土上的战争大部分是为了争夺钻石和铝矾土矿的控制权。富饶的天然资源，反成了国家战争的祸端。尽管联合国对塞拉利昂实施禁运，却没有任何实际行动去防止武器大量输入。当地现今人人金钱挂帅，为追逐钻石不惜彼此杀戮，罔顾他人、罔顾社会的经济发展，粗暴无情，漠视道德责任。而全世界对那儿的战争发展至今天的地步好像完全无能为力，视如不见，无动于衷。

我回到瑞典，到现在方感到思绪万千、百感交集。在灰蒙蒙的寒冬街上，我边走边尝试从纷乱的印象中理出点头绪。在家里哪怕过上好几个星期，也不如在塞拉利昂一分钟的经历。我见证过的一切一切：数不清的命运、声音、眼神、面孔，那些有勇气活下去的平民、有勇气继续工作的人员、被邪恶灼烧过的勇士，还有邪恶和它带来的毫无意义的后果，在我脑海中挥之不去。当然，我可以自命清高地认为，我们瑞典人种族优良，天生就不会干出这种恶行来；可实际上，我们与塞拉利昂的童兵，都是源自同一个人类大家庭。

历史告诉我们，高度的文明并不是什么绝对的保障，情势是会突然改变的。原本是人人都遵从的绝对道德规范，一下子可以失去制约能力，变得可有可无。我们必须要意识到人类的这个弱点。因此，我们便绝对不能对目前发生在塞拉利昂的这类暴行视若无睹。

对在落后地区无辜受害者的承担，其实就是对人性的承担；说到底，这种承担，才是我们免于堕入灭绝人性之境地的保障。

1999 年 3 月

卢旺达种族屠杀目击记

扎 朗 尼

Rony Zachariah

没有什么可以做了，这场为了人道的奋斗已经输掉。

1994 年 4 月，卢旺达总统遇刺。随后的 100 多天里，卢旺达的激进胡图族民兵在军队支持下，有糸统地屠杀了 50 万~100 万图西族人和反对种族灭绝的温和派胡图族人，包括约 240 名无国界医生当地员工（占当时无国界医生在该国各医院和难民营员工总人数的 70%）。

扎朗尼 Rony Zachariah　　医生

我是热带病学及儿科专科医生，曾于欧洲和多个发展中国家工作，参与无国界医生与其他救援组织在英国、爱尔兰、黎巴嫩、塔吉克斯坦、尼日利亚、喀麦隆、乍得、肯尼亚、利比里亚、卢旺达、马拉维、索马里等国家的多次救援行动。

目睹卢旺达种族屠杀后我决定致力于人权活动，是第一个于战争罪行国际刑事法庭（阿鲁沙特别法庭）作证的无国界医生及非政府组织代表，并先后于联合国人权高专办公室和比利时法院作证。现继续为反人道罪行受害者寻求公道，及致力防范种族灭绝。

我是卢森堡国民，已婚，有 2 名子女。目前在无国界医生布鲁塞尔行动中心工作，从事有关艾滋病及肺病的研究。

那天是 1994 年 4 月 20 日。事发地点是卢旺达南部，就在无国界医生工作的、收容了超过 8 万人的两个难民营（一号营和二号营）。

早上 9 时，我正在卢旺达南部主要城市布塔雷（Butare）参加一个安保会议，却接到紧急通知，那两个营的情况非常严峻，胡图族人已从营中特地找出某些图西族人来处决，我们的本地员工（约 50 人）处境极为危险，需要撤离。

我与一名同事立即驾驶两辆四驱车离开布塔雷，赶往难民营。这段路程平日需要 25 分钟，那天我们却花了 2 小时以上，因为途中设了很多路障。到离两个难民营约 1 千米距离时，我远远看到无国界医生的宿舍已陷于熊熊烈焰中。

我们驶向最后一个路障，那里聚集了约 30 人。他们戴着面具，手持长矛，粗暴地冲向我们的汽车。四周充斥着击鼓和吹哨的声音，气氛叫人战栗。他们开始以棍棒敲打汽车，又打碎车头灯。

大约过了几分钟，一个看似领导者的人走到我的车旁边，问道："你们在干什么？想做什么？"

我告诉他："我来这里撤走我的同事，目前局势很恶劣，我想将他们送回布塔雷。"

他瞪着我，说："如果你想撤走图西人，即使他们是你的员工，我们也会杀掉他们，也会杀了你！"接着他逼我们掉头驶回布塔雷。

到了黄昏时分，我们一些扎伊尔籍的员工获得释放，回到布塔雷，他们告诉了我们事情的经过：

"武装分子将所有无国界医生的员工，大约50人，从宿舍中驱赶出来，然后检查他们的身份证，以分辨他们是图西族人还是胡图族人。他们安排两族的员工分开站两边，又命令扎伊尔籍的员工在一旁观看。接着，军队和民兵将大刀和枪支交给胡图族的无国界医生员工，逼令他们杀害图西族的同事——两批人本来是同事和好友，有些甚至是夫妇。一些人不愿下手，结果就被武装分子杀害了。"

那天，我们共有35名同事丧生。

3天后（1994年4月23日），在布塔雷大学教学医院，那时无国界医生工作队正照顾150名图西族平民，以及当时的政府哈比亚里玛纳（Habyarimana）的"总统防卫部队"约70名受伤士兵。当天早上7点，我抵达医院，本地员工慌忙告诉我，昨天晚上有40名图西族患者和照顾他们的家人，被人拖到医院后面砍劈或殴打至死，他们大部分是成年男子，也有妇孺。我们前往验证后发现事件确属实，并看着货车载走其中一批遗体。

我召开了一个紧急会议讨论医院的保安情况，参与者全是跟事件相关的要员，包括医院管理委员会成员、军部协调非政府组织的主任、红十字会国际委员会成员、医院院长，以及负责"总统防卫部队"的陆军上尉。我们用最强硬的姿态指出事件如何违反人权及道德的原则，并重申根据《日内瓦公约》，武装部队有责任保护平民，而且所有伤者，不论属任何种族，均有权获得医疗救护。

开完会后，我听到陆军上尉对他的士兵说："这间医院里图西族人腥臭扑鼻，我们要清理一下。"

杀戮开始了。连在手术台上正缝合伤口的伤者，也被军人粗暴地拉下来，然后带走。被杀的平民中有 5 个是我们的护士：Sabine、Nadine、Rose、Alexis 和 Jean-Marie。Sabine 是我的好友，也是工作队里的资深员工，已有 7 个月身孕。我试图阻止军人杀她，站到她和那个士兵之间，说："Sabine 是胡图族人，是胡图族，不要动手。"那个看来负责发号施令的小头目走到我面前（那时我变成了站在 Sabine、士兵和小头目之间）。他打开裤子的后袋，取出一张用打字机打的名单，上面还有许多细节。他仔细阅读名单，然后双眼直瞪着我，说："你说得对，Sabine 是胡图族人——不过她的丈夫是图西族人。她肚子里这个孩子，也会是图西族人。"于是他们杀害了 Sabine 和她的孩子！最终医院里有 120~150 名平民遇害。

上述是我亲眼所见的两宗事件，是在卢旺达南部发生的有系统的种族灭绝和违反人道罪行的典型例子。

从 4 月 19 日起，由卢旺达布塔雷到布隆迪一带，遍布遗体。很多人遭个别或集中地砍死或枪决。遗体被丢弃在流出卢旺达境外的阿卡加拉（Akagara）河。我站在卢旺达南部边境将该国与布隆迪分隔的桥上，连续数小时计算遗体数目。每分钟平均有五六具尸体漂过。也就是说，每 10 秒钟就有一具！

这是无国界医生成立以来，首次成为百万人被屠杀的种族灭绝行动的目击证人。

当人类被滥杀——不分老弱妇孺，不分医生、护士、司机……全都无法幸免，人类所有理想的基础价值都会受到质疑。

1994 年 4 月 24 日，我们离开卢旺达。没有什么可以做了，这场为了人道的奋斗已经输掉。我们感到挫败、无助、疲累，再没有共事的员工，也再没有伤病者让我们治疗——那些我们治疗过的人，就在我们眼前被杀。

我们向全世界求救。 然而当时的联合国秘书长加利（Boutrous Ghali）不但没有派遣人员紧急介入以保护和拯救无辜平民，反而要求联合国维和部队立即无条件撤出卢旺达。一切都令人绝望……种族屠杀继续……全球只眼睁睁看着。

不论作为个人或团体，我们都第一次无法从潜意识里摆脱人权问题。

作为个人，我们是否有责任阻止这一切发生？而在种族屠杀结束后，我们又有没有责任为死难者寻求公道？

我们曾大声疾呼，呼吁国际社会为这些人民提供保护和避难所。我们甚至特地向一些对卢旺达具有政治影响力的西方政府提出要求……但结果什么行动都没有出现。联合国从卢旺达撤走了维和部队。种族屠杀继续！而全世界就这么袖手旁观地任由接近 100 万人遭屠杀。

身为医生，我无法阻挡卢旺达种族屠杀的出现；我的组织（无国界医生）也无法制止种族灭绝的进行。最终，我们都失败了，每一个人都失败了！

作为医疗组织，我们首次要求公义：1994 年 6 月，我们决定向联合国人权委员会的成员作证，寻求公道；然后在 1998 年及 1999 年，我们又首次在卢旺达国际刑事法庭作证，证明当时的种族屠杀是有系统、有组织的；后来，我们又在审判卢旺达 4 名种族屠杀嫌疑犯的比利时特别法院作证，终致他们罪名成立。这项斗争仍在继续。

但是，为什么？为什么是像我这样的医生、护士，像无国界医生这种职责本是医治病人的医疗组织，来为卢旺达寻求公道？因为当年发生的事件向我们证明了"绷带和缝线"永远无法治愈卢旺达血淋淋的伤口，我们需要的是公义！

任由罪犯逍遥法外，永远是让暴力、不义滋长的最佳元素，而最终将会导致更多人受害。历史证明，真正的和解、和平，甚至人类最终的自由，都必须建立于真理和公义的基础之上，每个人都要朝这个方向迈进，使人类社会做出真正的转变。

卢旺达出现种族屠杀后 10 年，我身处位于洛库姆（Loccum）的德国基督教福音派和平学院。这个在第二次世界大战后为国际对话、反思及推动和平而创设的机构，当时正与无国界医生德国办事处合办为期 3 天的工作坊，题为"10 年之后：

卢旺达种族屠杀的反思"。会议期望对卢旺达种族屠杀引以为鉴，加强沟通和行动，建设更美好的未来。

　　一名在种族屠杀中幸免于难的卢旺达人在会上发言，她开头的几句话令我震撼不已："当我告诉别人自己的故事，许多人说我能死里逃生已十分幸运。事实上，我生不如死！"

　　另一个幸存的卢旺达图西族人，现正出任卢旺达真相及和解专员公署总裁，他说："我们是个受伤的国家。努力寻求和解，然而内心仍淌着血。"

　　会上提出很多问题供大家讨论。第一个问题：1994年4月时，可以避免种族屠杀发生，或将之中止吗？

　　"可以！事实上是可以的！"当时联合国主管维持和平行动助理秘书长艾斯勒将军（Manfred Eisele）说："可以！假若当时国际社会众成员真心有意介入的话！"

　　他说当时其实每个人都知道卢旺达正在发生什么事情。联合国安全理事会的某些成员国甚至互相提醒，不要提及"种族灭绝"一词。因为这意味着他们有责任采取行动。最后，联合国更是作了个完全不应作的决定——将大部分维和部队从卢旺达撤走。于是最后一道抵挡种族屠杀的闸门也打开了！他相信任何计划周详、配备军事力量的行动，都足以为数以万计的平民提供保护与通往避难地点的通道。问题是，当时各国并没有真正的政治决心去介入。

　　第二个问题：像发生在卢旺达的种族灭绝事件，有可能再次出现吗？

卢旺达种族屠杀后一年，即 1995 年，布隆迪看似即将出现种族屠杀，当时的联合国主管维和行动的副秘书长安南（Kofi Annan）致函 85 个国家（主要成员国）要求承诺在接获屠杀开始的消息后，会派遣维和部队到该国。他只接获 12 个国家回复，其中 6 个国家断然拒绝，另 6 个非洲国家表示愿意派兵，但先决条件是获得全面的支持：从鞋袜、内衣裤，甚至枪械种种！孟加拉国是唯一承诺派兵 1 500 名及支付有关军备的国家。西方国家没有一个承诺或显示有意派遣部队——而当时距离卢旺达种族屠杀不过一年。

因此，像卢旺达那样的种族灭绝事件会否重现，答案明显是"会"，只要推动防范式干预行动的现行机制维持不变，答案都仍然是"会"。不幸的是，负责推动这项机制的是联合国内的政界人物，他们基本上是各自政府的代表。各国政府对于类似卢旺达种族屠杀的事情，或有既得利益，或全无兴趣。对他们来说，这些事件只要远离本国的国内政治利益，就不重要了。

防范种族灭绝的干预行动，其推动机制理应改变。毕竟，联合国若无法阻止种族屠杀，失败的不单是联合国，而是我们每一个人！以卢旺达事件为例，若人权组织和人道救援人员有机会推动这个机制，事件会早已定性为"种族灭绝"，各国就有责任采取防范行动。

种族屠杀 10 年过后，现在是时候多反思我们可以怎样做。屠杀的生还者是最弱的一群人，他们理应优先获得援助。有关防范种族灭绝和反人道罪行机制的某些观点和模式也需要改变：如果捍卫人道和国际公义的干预行动仍持续这种模式，历史将会不断重演，人道救援也会注定失败！

作为医护人员，我们虽曾努力，却无法阻止卢旺达的种族屠杀。作为一个人，今天我们每一个人在道德面前都不可以推诿自己的一份历史责任和罪咎。

当人性泯灭，失败的是你我每一个人。

2004 年 6 月

恐惧与希望

路蕙丝
Louise

我很恐慌，问自己究竟有什么冲动，驱使我走到这地狱般的地方。

1994 年 7 月上旬，数天之内，百万卢旺达难民涌入扎伊尔（今刚果民主共和国），当中夹杂参与种族大屠杀的民兵。

同月 13 日下午，入境人数达每小时 15 000 人。数天后，难民群中暴发霍乱，疫情一发不可收拾，死亡人数超过 5 万人。

亲爱的：

　　来这里参与救援是我在无国界医生工作的第二个任务。从法国电视一台广播得知他们需要帮助：一场霍乱病疫正在扎伊尔与卢旺达接壤的边境小城戈马肆虐，超过 150 万胡图族难民生命受威胁。我的心一下子沉重起来。霍乱，我知道，海湾战争期间我在土耳其边境的库尔德族难民营工作时遇到过。我自信可以帮忙抵抗这场病疫。

　　出门前跟家人讨论过，爸爸同意我的决定，妈妈虽然没说什么，但明显地，她非常担心我的安危。

　　7 月 23 日，经布鲁塞尔启程。出发前与两名同往的同事聆听当地情况介绍，其中一位竟是曾与我在库尔德地区共事过的朋友！你可以想象我当时心情是多么宽慰。

　　运输机载着我们一行 9 人飞往目的地，除了我还有 3 名医生、1 名护士、2 名后勤人员，另加 2 名记者。整夜飞行，我们全都席地而睡。

　　第二天抵达戈马，精神上的冲击随即开始：走出机场我们就碰上一群全无秩序的逃难者，头上顶着被褥盆罐，妇女身上绑着小孩；沿途有许多卷在草席里的遗体，另一些则连掩盖的席子也没有，离世也无人关注。

　　稍后我们在基伍湖边一幢房子里过夜。次晨 6 点，取道一条迂回的公路朝山区进发。四周一片荒凉，草木都被砍掉用来煮食和取暖。这儿海拔 1000 多米，夜里挺凉的。桉树的芬芳，稍稍净化了一点死亡的难闻气味。

真的是尸横遍野！惊惶的人群走动时不得不跨过一具具躺在地上已死或垂死的躯体。我们路程的第一站是穆尼支（Munigi）。在那死伤枕藉的难民营里，有无国界医生于危机初期匆匆搭成的首批帐篷医疗营。垂危的患者躺在火山石上，由家人手提着盐水袋接受静脉输液，四周层层围着数不清的遗体。情况之严峻，令我惊骇莫名，反胃恶心。越接近目的地基布姆巴（Kibumba），难民人群越密集，最后我们只好放弃车子步行到医疗营，但是还得要穿过一条真真实实由遗体组成的夹道：200 多具遗体围墙般堆在公路两旁，等候清理。才到达营地的第一个帐篷，项目协调员就立马给我们分配工作：从人丛中辨别出垂死的人，马上给他们静脉输液；强壮一些的给他们喝补液饮品；赶走那些未染病的，免得他们受感染。

就这样我像机械人般工作了一整天，努力整顿那难以言喻的乱七八糟情况。到了傍晚，人潮稍减，医疗营较有秩序些，我们就架起更多帐篷，以收容更多患者。然而，我们却没时间也没设备为自己做预防，身上还是平日穿的衣履，唯一可以做的是频频用含氯的水洗手，并谨记不把手移近口部。下午 6 点，第一天的工作完毕，我们离开医疗营回到宿舍。基于安全原因，国际救援人员是禁止天黑以后在营地工作的。

如此一天之后，晚上我不能合上眼睛。对这里的境况我非常悲观。如果不及时运走遗体，如果提供不了洁净的饮用水，怎能控制疫情？告诉你，我真的想到自己会不会在这里染病死去，担心会因此令家人陷于困境，特别是我的姐姐。我很恐慌，问自己究竟有什么冲动，驱使我走到这地狱般的地方。我非常不安。所幸自信心很快再占上风，让我能够坚持下去。无论如何，这人间地狱至今4天了，大批国际救援组织到来，情况应很快有所改善吧……

工作开展不到一个星期，白天里已再没有人死亡，晚上情况仍不理想。虽然我们的扎伊尔和卢旺达的同事常在煤油灯光下巡视患者，但是起不了什么作用，早上我们回到医疗营，还是要点算前一晚不治的人数。

如今霍乱已差不多受控制，现在需要应付的是痢疾、疟疾、脑膜炎的暴发，还有各种不知名的疾病。但是，我们还是承受着。

就这些了，我还能告诉你什么呢？在这里才两个星期，我的生活已渐有规律：早上8点出发，每天诊治病人，鼓励卢旺达和扎伊尔的同事，搜集统计资料，下午6点回基地参加工作评估会议……

我将于8月20日离开这里。医疗营已上轨道，新的医疗人员将会抵达接手。我渴望重见家人。再者，我和其他无国界医生人员的身体状况都相当不稳定：我们都有腹泻、咳嗽症状，比以前虚弱了；还有，营地后面火山喷出来的烟，老是刺激我们的眼、鼻和气管。

　　还会参加无国界医生的救援工作吗？我不知道会不会有这样的勇气。这可真是要冒个人生命危险的：这儿有种种疾病，还有军火，我在这看见过的机枪和手榴弹数量惊人。不过，我知道，当重回巴黎时我便会改变主意，因为自己会挂念那些与我并肩作战的志愿人员。而且，我对世界上发生的事太好奇了。再说，身为医生就是要救伤扶危，只要能作出贡献，我就会感到十分满足。

　　收笔之前，还有一件事想跟你说说：在戈马这里，我周围就有许多参与过卢旺达大屠杀，杀害大批图西族人的凶手。我有时为此深感不安，但我尽量不去想这个事实，因为无国界医生是不应该选择患者的。况且，通常只是一小撮人把整族人推向如此的地步，今天受苦的人，未必都是罪有应得或须为大屠杀负上责任的。

　　就此搁笔。希望你一切都好。知道吗？今天是我的生日。送上深深一吻，希望你不要忘记我俩一起的美好日子。

爱你的，路薏丝

扎伊尔，戈马

1994 年 8 月 9 日

节译自无国界医生刊物《无国界书信》(*Lettres sans frontières*)

我的昆都士回忆

赵 一 凡 每个医生心里都有一座坟墓。

数十年的武装冲突彻底破坏了阿富汗的经济和基础设施，上百万人不得不依赖人道援助。无国界医生自 20 世纪 80 年代开始在阿富汗开展救援工作，即使在过去最具挑战性的情况下，医疗队也维持着极其重要的独立、不偏不倚和中立的医疗服务。

冲突和动荡时期，紧急情况持续不断地出现。2011 年，无国界医生在阿富汗北部的昆都士省开设创伤医院，治疗战争创伤和意外事故的伤者，来自广州的麻醉科医生赵一凡就在 2013 年前往这个项目工作了两个月，经历了艰巨的挑战，留下了五味杂陈的回忆。但让他备受打击的是，2015 年 10 月 3 日，该医院被美军轰炸，共有 42 名患者、陪护人员、医护人员被夺走生命，该项目被迫关闭。2021 年，阿富汗局势剧变期间，重建后开放的无国界医生昆都士创伤医院继续为人们提供拯救生命的医疗服务。

赵一凡　　医生

我来自广州，在中山大学毕业并获得硕士、博士学位，成为中山大学孙逸仙纪念医院麻醉科医生；现为广州和睦家医院首席医疗官，麻醉科主任。

现代社会，人们在网络社交媒体上，常常一边在快乐"造神"，追捧各种"yyds"（永远的神）；一边又在为明星名人们的人设崩塌而奔走相告、争相评论。这种现象在医院中同样存在，治疗成功的时候千恩万谢；当遇到突然降临的疾病恶化、手术并发症的时候，我们首先想到的是"为什么这么严重？医生是不是做错了什么？"随之而来的，则是各种不理解、纠纷，甚至流血冲突。（巴斯敏娜的故事就曾被一些网友质疑是外科手术没做好造成的医疗事故，但实际是因缺乏静脉营养情况下的肠道手术并发症。）

无国界医生的这段经历，带给了我救死扶伤的成就感，但更多的是教会了我"生有时、死有时"的道理。它让我更明白医生的角色，常常难以成为拯救者，却是患者从生命的一个状态转换到另一个状态的陪伴者、摆渡人。如果中国的医生，更懂得与患者和其家属感同身受，一边积极处理病情，一边能尽其所能让他们了解目前疾病的发展情况和治疗策略以及下一步可能会发生什么，也许就能获得他们的理解，增加他们的安全感。而患者和家属，如果能了解到医生的精湛医术和先进科技，并不总能治好每个人，而以一种"敬天知命"的态度来信任与配合医生的治疗，则常常能得到更好的治疗结局和生活质量。但愿我的医患小故事，能给中国的医患关系带来一点点的正能量。

我居住在广州，是一名从业 21 年的麻醉科医生。每次回忆起这一段经历，就好像拿一把钥匙，打开一个盒子，翻看一本好久没看的旧相册。当时旅程的疲惫、无助、寂寞和之后备受关注所带来的愉悦、不知所措等复杂情绪，已经被这九年的时间荡涤净尽，剩下的只是一种静谧如水的感恩之情，感恩我曾经出发过，经历过，还有陪伴过这些患难中的人们。

加入无国界医生

2012 年的时候，我刚刚晋升成为一所三甲医院的副主任医师。每天的工作都在忙碌地进行着简单重复，让我对自己的职业产生了一种奇怪的不满足感。我希望自己能更纯粹地从事医疗事业，想去外面的世界看看。

后来我又看到一部纪录片《行者》，它讲述了急诊科邹有铭医生在非洲的生活，让我和太太感动得泪眼婆娑。于是，在太太的鼓励和大力支持下，我参加并通过了无国界医生的笔试和面试，被顺利录取了。

记得那时候，香港办事处的人事部工作人员跟我商量第一次任务的目的地时，我说自己特别怕蚊子咬，想去一个蚊子少一点的地方，于是他们把我派到了阿富汗。

初到喀布尔

2013 年 4 月，我从香港出发，辗转从迪拜申请签证，然后乘飞机到了阿富汗的首都喀布尔。下了飞机，在喀布尔机场的海关，居然到处都是挎着 AK47 的警察。来阿富汗前，我甚至都不知道原来警察也可以配备冲锋枪的。

刚过海关，机场大厅里一帮穿着制服的人包围了我，他们并不是什么工作人员，而是靠拎行李赚小费的人，一见我是外国人，就上来争先恐后地要帮我提行李。我当时还挺紧张的，只顾着紧紧攥住自己的行李，埋头向前走。在落荒而逃的过程中，所幸自己还能保持冷静，把工作许可证给盖章办好了。终于出了机场，找到接我的人，我才顺利地抵达了无国界医生在喀布尔的办事处。

阿富汗喀布尔市交通繁忙，四处都是军事路障，
使得需要紧急医疗的人们很难快速抵达医院。

图片拍摄：Andrea Bruce / Noor Images

　　这里既是办事处，也是国际救援人员的住宿地。在这个大院子里，有好多间房屋。一位本地工作人员带着我，绕过几个房子，来到一个小门口，向我示意马路对面餐厅的位置，表示我可以先过去吃个饭。

　　这家餐厅叫 Table Talk，住宿地的小门与它斜对面，中间只有不到十米远的距离。一出门，我终于第一次走在了阿富汗

喀布尔街头一瞥。

图片摄影：Doris Burtscher / MSF

的街道上，马路面基本就是一片黄土地。我径直向餐厅走去，转眼就瞥见右手边停靠着一辆装甲车，车上几个当地士兵都端着枪谈笑风生。我故作镇静地以不快不慢的步伐，目不斜视地走了过去，进入餐厅。在店里随便点了个炒饭，没吃多久就回去了。当时我心情挺复杂的，有点紧张，有点寂寞，却又有点兴奋。

当时我还没有意识到，那是我在这里两个多月的时间里，寥寥可数的几次在外就餐的机会。大多数时间里我只能待在宿舍和医院两个地方。

This is Afghanistan!

在喀布尔短暂停留之后，我就启程去了阿富汗北部山区的昆都士。接下来的几个月，我一直在那里的创伤医院开展无国界医生的工作。昆都士创伤医院并不是我想象中那种帐篷搭建的战地医院的样式，而是正常的建筑，清一色的平房。一进院子，正面是急诊科和它面前的一片空地。急诊、影像、手术室等重要部门位于一栋比较高大宽敞的平房之内。医院里共有两间手术室，设备比较简陋，只有一个分体式空调，使用紫外线消毒，如果觉得空气不好就直接打开窗户通风（在国内的医院里，基本都是层流手术室）。而手术使用的麻醉监护仪和麻醉剂，我相信，是我老师的老师都没有使用过的"古老"品种。但听其他同事介绍，这里已经是无国界医生的医院当中条件比较好的了。

我刚到的时候，听完项目负责人的介绍后，就参加了一个由急诊科医生所主持的"接诊多位伤员方案（Multiple Casualty Plan）"的演练。等这些事结束已经下午两点多，早已经过了饭点了。一位叫奥斯马尼（Osmani）的本地 ICU 医生，得知我还没吃饭，特别热心地给我买了一个馕和一瓶可乐——一个看起来挺奇特的套餐，但当时我已经饿了，居然把东西吃完了。之后，我想要把饭钱还给他，他执意不收。这位年轻医生，外穿着西装，里面是白色长袍，踩着皮凉鞋，略微有点胡茬。面对我的美钞，他微笑着朝我摆摆手，自豪地说："This is Afghanistan（这里是阿富汗）！"他的话意味着，在这里，尽管吃就好！

第 一 台 手 术

到昆都士的第一天傍晚，回到宿舍，吃了饭，我刚洗了个澡，打算再休息一下，没想到刚领到的诺基亚值班手机就响起来了。到创伤医院的第一天晚上，就接手了第一位患者，她是一名本地妇女，腰部枪伤，子弹打破了她的肾脏。我为她实施了全身麻醉，她被推进手术室，进行了剖腹探查和肾切除的手术。手术顺利完成，这位太太醒过来的第一句话就是"手术做了吗？"我当时听了心里挺高兴的，她在手术中没有任何感觉，说明这是一次非常成功的麻醉。这不正是我想要的那份纯粹的满足感嘛！从那晚开始，那台老式诺基亚手机（头部还有个电筒能看病人口腔，也能晚上照路），就一直没离开过我身旁一米以外直到任期结束。

其实麻醉科医生的工作不只是打一针麻醉这么简单，我们的任务是保证患者平安舒适地度过整个手术期，包括术前评估、制订麻醉方案、关注术后注意事项等。

作为无国界医生，我们通常

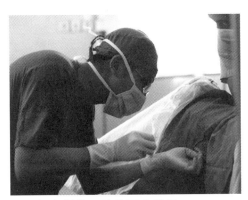

在昆都士创伤医院的两个月里，赵一凡和同事们一起完成了 500 台手术。

图片提供：赵一凡 / MSF

不会过于执着地询问枪伤的原
因，因为很多时候患者受伤的原
因可能非常敏感。包括这位肾脏
受伤的太太，她只是告诉我们
"这一枪是我自己不小心打的"。

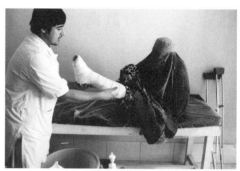

**无国界医生的医护人员在昆都士创伤医院
的门诊为一名女患者做治疗。**

图片拍摄：Mikhail Galustov

这是我感受到的非常大的一
个文化冲突——阿富汗是一个男
女地位差距极大的国家，女性没
有受教育的权利（2001 年前），
凡事都要听从于男性，甚至在受
到伤害的时候，都不太敢说出始
作俑者。

因为每个家庭都会生很多孩子，当地家长照顾孩子（尤其
是女孩）未必能像国内家长这么尽心。孩子们平时在外面玩，
到饭点了就回家吃饭。在这样的情况下，孩子受伤的情况也非
常多。比如，一位 5 岁的小妹妹突然跑到正耕地的哥哥面前，
一个没注意，妹妹的脚趾头就被锄头剁掉了；有一位 10 岁男
孩子在玩耍时坠落山崖，引起头颅骨折，硬膜外血肿，我们不
得不做了一台神经外科手术帮他清血肿。

巴斯敏娜

在一部纪录片《战火下的医生》里，一位参与无国界医生救援项目的外科医生说"每个医生心里都有一座坟墓"，这句话让我很有共鸣，我们往往容易记住那些挫败的经历，而把治好患者视为理所当然。

很多麻醉医生铭记于心的也往往是那些伤情比较严重、需要反复接受手术的病人。对于我来说，印象最深刻的是一个名叫巴斯敏娜的小女孩。她大概八九岁的样子，长得瘦瘦小小的。她原本跟着爸爸妈妈参加一场婚宴，没料想婚宴上两帮人突然开始枪战，子弹像刀子一般割开了她的腹部，胃肠道受到了致命的伤害。我不知道当时的局势有多么混乱，但我知道这家人花了一些时间才决定把孩子送到我们的医院，孩子抵达医院时，已经是受伤 4 小时后了。

我们用最快的速度为她麻醉、消毒、做剖腹探查手术。第一次手术很顺利，第二天早上她的精神状态已经很好了。我还记得，这孩子皮肤有点黑，高鼻子，瘦削的脸庞，自然卷的黑头发；看她灵活的大眼睛，能感觉到她平时一定是个活泼的孩子，她躺在床上看漫画书，吃了香蕉和酸奶，我们看了都很高兴。

但没想到的是，她发生了肠瘘和腹膜炎，肠道的伤口始终没有长好，吃进去的食物会从伤口里漏出来。这种情况在广州，或者国内更偏僻的乡镇都还可能有救，通过静脉输液，患者可以获得营养，慢慢康复。但因为当地医院没有任何静脉营养，小女孩只能通过吃东西来获得营养，病情就陷入了一个恶性循环。

每次手术前后，我会与巴斯敏娜的爸爸做一些简短的交流。他非常爱自己的女儿，他跟我岁数差不多大，但是脸上的皱纹很深，看起来更苍老一些。我也有一个女儿，所以格外能理解这位爸爸的担忧和心痛。

在最后一次手术之前，我安慰他说："我们会竭尽所能救治你的女儿。"

可是那次手术没能挽救小女孩的生命，肠瘘始终没有好转。这件事对她爸爸的打击很大，我看见他一直在哭。在我的任期结束，离开昆都士的第二天，收到外科医生的邮件，她离开了这个世界。

"Doctor! Doctor!"

从 20 世纪末开始，阿富汗的局势始终非常不稳定。80 年代有苏联入侵，90 年代有塔利班兴起，"911 事件"后有美国的进入。我所在的昆都士地处阿富汗北部的山区，当地也潜伏着一部分塔利班势力，偶尔会爆发小规模的武装冲突。我本人倒是没有亲眼见到过正面武装冲突，但是偶尔会听到一些零星的爆炸声。

出于安全的考虑，我们不可以上街行走，每天只能两点一线地往返于医院和宿舍之间，不可以拿着相机随意拍照，住处的窗户外面也有一层布作为遮挡。我也想有机会和当地人聊聊天，可是上班的时候大家都很忙，下班回到宿舍，看到卧室里洗好的衣服已经被叠好熨好。偶尔一两次在上班时间内回到宿舍时，我发现是一些本地聘请的大娘给我们做了这些家务活。她们就像小说《哈利波特》里面的小精灵一样，总在我们不知道的时候默默地照顾我们。我有一件旧睡衣背部裂了一个大口子，本想在昆都士随便穿到任期结束就丢掉的；没想到，母亲节那天，在我回到宿舍的时候，睡衣背后的大裂口居然被补好了。我在自己的微博上写道："愿天下的母亲们节日快乐！"

在任期结束之前，我和两位同事终于申请到了一次机会，可以走上昆都士的街头，逛一逛当地的市集。当时跟我们同去的还有一位导游和两位保安（他们都没有配备武器，我们项目车辆和医院都有"武器不得入内"的标志，以保障医院和车辆是中立的场所），一路上我听到最多的话就是在这个街角谁中过枪、在那个街口谁被暗杀了……

但是当我们到了市集，我突然发现当地的老百姓站在路边，用不熟练的英语对我们喊着"Doctor！Doctor！"一个三十多岁的男人跑上来对着我哭，我一下子蒙了，后来才知道，他是街上一名服装店主，他跟我说，他的父亲，兄弟姐妹，还有其他的亲人都是在我们的医院里获救的，他很感谢我们。

那个时候我真的好高兴，头一回发现原来在这里医生可以这么受尊重，这跟我在国内时感受到的医患关系很不一样。

回到广州

2013 年 6 月中旬，我结束了在昆都士创伤医院的任务，回到了广州。

我记得刚刚回到家的那一个星期，一连七天，每天晚上睡觉我都能梦见自己在处理各种各样的创伤患者，就好像自己从来没有离开一样。

2015 年 10 月 3 日，早已回归出任务前的生活的我看新闻的时候得知，我工作过的昆都士创伤医院在持续轰炸中被数次

即将回国之际，赵一凡和来自世界各地的队友们合影留念。

图片提供：赵一凡 / MSF

击中，造成 42 人死亡。除了震惊，我似乎一时间也没有别的情绪。一段时间后，我在遇难者名单中看到了一个熟悉的名字——奥斯马尼，那位请我吃过馕和可乐的本地医生也不幸遇难。

他原本已经找到了一份更好的工作，但是始终坚持在创伤医院兼职，那天晚上他是回来顶班的，空袭发生时他还一直守着他的患者。

无国界医生在官网发布了声明缅怀遇难同事，文中写道："32 岁的奥斯马尼是一位年轻的重症监护病房的医生，对患者有非同一般的热情和担当。奥斯马尼医生总是笑容满脸，对附加的工作或额外的值班从不拒绝。当医院有大量患者不胜负荷时，他经常在工作之余自愿留下来。他的活力和笑声很有感染力，是那种能带来欢乐，又充满同情心的人。奥斯马尼医生乐于助人，从不拒绝需要帮助的人。袭击当晚，他原本与同事在安全屋休息，却选择继续工作，照顾病情危重的患者。"

后来我反复提起他的名字，希望有更多人知道，这样一位在战乱环境下成长的年轻人，他很热爱自己的国家和自己的职业，他始终坚持在第一线。我觉得他是真正的英雄。

2021 年 12 月于广州

昆都士的痛失

托 马 斯
Kathleen Thomas

我们的同事不是像电影情节般平静地离世，他们是痛苦地、慢慢地死去。

来自澳洲的托马斯（Kathleen Thomas）是位重症监护科医生，她在无国界医生的首个任务被派到阿富汗昆都士创伤医院。她于 2015 年 5 月开始在该医院工作，直至医院于同年 10 月 3 日遭受美军空袭。文中，她和我们分享了医院日常的一天，和空袭前一周爆发连串激烈战斗的情况。

2016 年 5 月 3 日，无国界医生（国际）主席廖满嫦医生在联合国安理会简报会上发表演讲，呼吁停止针对医生、患者、医疗设施的袭击。医生在加入医疗专业时曾经宣誓会治疗每一个人，不论身份，也不论他们的宗教、种族或支持的阵营。即使他们是受伤的战士，或即使他们被标签为罪犯或恐怖分子。医院不可以被袭击或被武装分子强行闯入，包括任何搜寻或捉拿患者的行动。违反这些基本原则，就是违反医疗伦理的基础。医疗伦理不可以被战争埋葬。

文中部分工作人员及患者姓名有所更改以保障其隐私。

当在澳洲生活的日常琐事稍一停顿下来，我的心神马上就摇荡着，回到阿富汗的昆都士。一个深洞吞噬了我、困着我，而我尝试挖出洞里的底蕴。我辨认出，并非那天凌晨遇袭的恐怖情景，不是那不曾间断的空袭的震耳欲聋声，也不是眼前那些残肢或空气中弥漫着的血腥气味，而是一股无以名状的痛失和悲痛，它一直往下延伸，延伸进那无底的深洞。

痛失——昆都士创伤医院平凡的一天

早上 7 时 35 分，无国界医生住所外聚集了数十个来自世界各地的工作人员，我们挤进了两辆四驱车，男的在一辆车，女的则在另一辆。卡特里娜（Katrina）一如以往姗姗来迟，她跳进车里，争取时间在开往医院的车程上匆匆整理发上的头巾。我看看坐在对面的外科医生莎莉（Sally），她眼下挂着一对深深的黑眼圈，我问她："晚上没睡吗？"她耸耸肩说："凌晨两点协助哈基姆（Hakeem）医生做了个剖腹手术。"我们相视而笑，这工作是有点艰苦，但正是我们来到这里要做的，我们都没有任何怨言。

我把握唯一能瞥见昆都士市喧嚣一面的机会，透过车窗上的防爆膜往外窥看，看到行政主任穆吉（Mujeeb）在街上走着，又看见数据输入员纳吉布（Najib）骑着自行车，他们正

无国界医生昆都士创伤医院被炸后的样子。

片摄于 2015 年 10 月 14 日。图片拍摄：Victor J. Blue

前往医院准备开始新一天的工作。来到医院门前，医院守卫迎接我们的车辆，我们礼貌地挥手回应。医院门外排了一列等待接受安全检查的人，以确保他们遵循我们"不准携带武器入内"的规定。队上有很多男人，有的撑着拐杖，其中一人推着轮椅，上面坐了个截去双腿的男童，也有几个披上蓝色面纱、手抱幼童的女子。

我们从四驱车下来，走往早会室，途中遇见一位园丁，正悉心打理栽满了整座医院的美丽的玫瑰。我在早会室门外脱下鞋子，听到约三十人在内闲谈，他们都是医院的部门主管。我走进房间和他们一起席地而坐，正式开始当天的会议。还记得第一次参与这"地上会议"时，心里有多惊讶，现在它却是那么寻常。

突然，医院停电了，整个房间变得漆黑一片，其中一位同事打开金属制的窗子，光线从外涌入，这时我才想起：对了，这本就是"安全屋"，是我们遇上紧急事故时的暂避之地。那时我根本无法想象什么样的紧急事故，会令我们为了安全而要使用这房间，更没料到 10 月 3 日我们将在此躲避针对医院的空袭，后来这里更成为了临时急诊室和手术室，治疗受伤的工作人员，当中不少便是那次会上的同事。

会议结束后，我们各自返回所属部门，展开新一天的工作。途经厨房，一股鸡肉的香气扑面而来，那是厨师为我们准备的午餐。然后我到洗衣房领取刚洗过的制服，再到女更衣室，沿途碰上传译员苏拉娅（Suraya）和精神健康人员苏拉宝（Sorab）。

我走到急诊室，医生和护士正忙着，百多名伤员在轮候：当中有遭遇意外的伤员，也有暴力事件的受害者。我探头进复苏室察看，两位急诊室护士穆希布拉（Mohibulla）和拉尔·穆罕默德（Lal Mohammed）正在协助阿明（Amin）医生为一位受了枪伤的年轻男伤员插喉。他头上的监测器发出缓缓声响，显示伤者情况稳定，床边的架上挂着两包血浆。我查看了伤员和他的 X 线片。"阿明医生，一切都在控制之内？"我问。其实我心里已知道他的答案。阿明医生顾不得抬头看我，只答道："当然。"这间医院已运作了 4 年，培育了不少技术娴熟的医务人员，阿明医生、穆希布拉和拉尔·穆罕默德都是当中例子，阿明医生总能给我惊喜，似乎没有任何问题能困扰他，他总是那么能干、自信、有效率。

我离开急诊室，两位正在清洁走廊地板的工人纳吉布拉（Najibulla）和纳西尔（Nasir）向我微笑，他们不太会说英语，而我也不谙达里语，大家只能以有限的言语沟通，但我把手放在胸前，以示敬意。我知道，他们对工作抱有积极和认真的态度。

走进重症监护部，前面有一位看护人（看护人通常是患者的家属，全天候留守在旁，为患者提供基本护理）。我跟在他身后，留意到他走路一瘸一拐的，要以拐杖辅助。细心察看后，我发觉他两腿均已被切除，用的都是义肢。我不知道他是怎样受的伤，是遇上军事冲突？被掉落航道的导弹击中？还是被路边炸弹所伤？他走到四号床，原来他的儿子误踏地雷，和他一样失去了双腿。那刻我体会到他们所感受的绝望，是两代人经历了三十多年漫长战争的伤痛。

我召集所有重症监护科医生，开始巡房工作。我匆匆一望，注意到纳瑟尔（Naseer）和齐亚（Zia）这两位勤劳又能干的年轻护士在协助患者从轮椅返回床上。那患者是个健硕的男子，但遇上炸弹袭击后长期在重症监护病房留观，变得极为虚弱。齐亚刚带他到室外呼吸清新空气，那确是他需要的。我还来不及阻止，已见纳瑟尔抱起男患者，双手大力一提，把他由轮椅安置回床上。我跑过去看纳瑟尔有没有受伤，告诉他下次一定要找人帮忙，他却孩子气地笑一笑，挥一挥手把我打发掉，从那天起我便叫他"猛男纳瑟尔"。

到了早上 10 时，医院一如以往地忙得不可开交。我离开重症监护部，准备到病房看一位患者，途经病理部，看见化验室技术员弯着腰看显微镜。经过手术室外，看见工作人员正用担架将患者送进手术室，手术室护士阿卜杜勒·萨拉姆（Abdul Salam）上前迎接，手术室内一队由国际救援人员和阿富汗当地外科医生组成的团队，已准备好为患者进行专门的创伤手术。我们医院是阿富汗北部唯一支援这类创伤外科手术的医院。

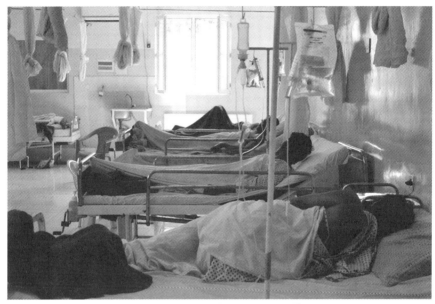

2015 年 5 月 13 日，昆都士的战斗随着"春季攻势"更加激烈，无国界医生的创伤医院里也接收到比平日更多的伤者。

图片拍摄：Mathilde Vu

　　手术室后面，我经过挤满了人的 X 光部和门诊部，里头护士忙着为患者更换石膏、包扎伤口和调整拐杖。我认得从我面前走过的患者，是 9 岁的埃斯玛图拉（Esmatulla），物理治疗师正为他进行评估。他跛足的情况看来比上次见他时好了点。埃斯玛图拉曾遇上严重车祸，导致盆骨碎裂、肺部受损，以及背部软组织完全损毁，在重症监护病房住了好一段日子。他的背伤很罕见，要动多次手术，我们在全球各地寻求了不同专家指导及协助。对埃斯玛图拉而言，这是条漫长而艰难的道路，但看来他的情况不错，似乎很快便可重拾正常的童年生活了。

我继续往前走，经过了精神健康部门、物理治疗和医疗记录部门，然后离开主楼，最终来到四号病房，一座排有约二十张病床的小型建筑物。物理治疗师正在指导一个中年男患者操作他的新义肢。我来到罗尚（Roshan）床前，想要看看这位刚由重症监护部转过来的患者，但只见空空的病床。

护士说，罗尚去外面散步了，然后我就出去找他。罗尚可以走路！这对我来说简直是佳音！罗尚的心脏被刺伤后在重症监护病房留了很长一段时间。不可思议的是，外科医生们成功地修补了他左心室两厘米长的撕裂。可是，大家对他的康复都不敢寄予厚望。然而，他此刻就在这里，缓慢但坚定地走回病房。我稍微调整他的用药，告诉他明天应该可以出院了。他双手合十于嘴前，吹了一个音，可见他是多么兴奋！

那天余下的时间里，所有职员谨守岗位工作，照顾着到医院求助及留下接受治疗的患者。医院仿佛奏着完美和谐的协奏曲。

当我们经过漫长的一天回家后，我脱下头巾，跟几个国际救援人员走到露台欣赏晚霞余晖。色彩缤纷的风筝在天空中飞翔，孩子们在邻近的天台上控制着它们。太阳徐徐落下，环绕昆都士的山峦被粉红色的晚霞照亮。远方的伊斯兰教教长开始颂起祷告，其他教长随即加入，直到天空充满交响乐似的声音。这是一日中多么可爱的时刻。

空 袭 前 六 日
医 院 的 最 后 一 周

大约凌晨两点，我在睡梦中被激烈的战斗声吵醒。在昆都士经历了五个月的"战斗季节"，我已经习惯了战争的声音……但这次不同，这次的声音非常靠近和猛烈，而且从四方八面传来。我养成了一个习惯，当我听到战斗的声音时，我便会等待从急诊室打来的通知接收了大量伤员和要求支援的电话。然而，这次的电话比以往迟了很久才打过来，因为这次袭击太过猛烈，很多伤者未能迅速被送到医院。9月28日星期一，太阳冉冉升起，袭击暂时放缓。电话响起，开始了我一生中最漫长的一周。

第一天医院陷入一片混乱，数小时内超过130名伤员涌入医院。纵使全部工作人员全力应对，我们仍然应接不暇。大部分伤员是平民百姓，也有些是冲突双方的受伤士兵。

现在当我回想当日的情景，深深烙在我脑海的，有弥漫着整个急诊室的血腥味；有绝望的人拉着我的衣服恳求我去帮助他们受伤的挚爱；有父母因我们未能拯救其被流弹所伤的孩子而发出绝望而愤怒的哀号；有我看着一个又一个伤员不断被送来、放在早已拥挤不堪的急诊室地上而产生的惶恐；还有伴随这一切的，是机关枪枪声和偶尔近得令人不安的巨大爆炸声。

终于，大约晚上 10 时，医院的情况稍为缓和。我和几个资深同事终于可以坐下来思索一下，这次"战斗季节"的战事比以往更激烈的原因及其影响。我们认为，在这种情况下进出医院并不安全。这意味着没有新的工作人员能接替那些早已连续工作超过 24 小时的医生、护士、清洁人员、担架员、化验室技术人员、守卫等。所以，我们展开了每天两班的轮更表，无可奈何地接受这很可能是一场漫长的马拉松，而非一场能迅速完成的短跑比赛。

那个星期，医院接收的伤员数量远超我们所能应对。病房内，所有病床紧紧相邻，以便腾出空间放置额外床垫。手术室不分昼夜地运作，处理不断增加的伤者，重症监护的需求殷切。在有限的资源下，我们已各尽所能，但仍无助地看着很多本应在正常情况下可以存活的伤员失去生命。有些伤员需要某种罕见的血型，但没有人能到医院捐血；有些伤员需要以呼吸机维生，但全医院只有 4 台，供不应求；有些是被困于家中数日，未能及时到医院接受治疗；另有些则是来到医院时，伤口及身体已经受感染，即使做手术或用最强的抗生素也无法救治。

奥斯马尼医生（Dr. Osmani）是那个星期我在重症监护病房的得力助手，是一名充满感染力且思想开明的年轻医生。他对自己的国家和其他国家充满兴趣。早在数星期前，在我还未得悉澳洲换新总理时，他已向我提及。所有曾经和现在在重症监护部工作过的人员，都因他的医学技能、工作态度、无私奉献和将心比心的怜悯精神而对他敬爱有加。他其实早在数个月前就已从医院退下火线，到喀布尔接受眼科训练，但他慷慨答应每个周末都回到昆都士，到医院的重症监护部工作，帮助我们训练那些来顶替他的新医生。他曾告诉我："无国界医生给予我很多机会，我从中学到很多，所以现在我想回馈他们。"

　　奥斯马尼医生是部门内的资深医生，战事爆发当晚，他决定留下来施予援手，整个星期都在医院留宿。除了身上的衣服外，他连一支牙刷也没有。他的家人十分担心他的安危，经常致电了解他的状况，或许也曾劝他离开。当我担心他睡眠不足，恳求他去休息时，他向我报以灿烂的笑容，说："不用担心，凯瑟琳医生，我很好。能在这里帮忙，我很高兴。我们就像一家人。"他笑着又说："除此之外，我现在有这个。"他拿出一根残旧、破烂、末端被磨的短木棒。木棒被磨过的一端似乎有些牙齿印。我拿起它，好奇地望着，问这是什么。这令他笑得更厉害："这是阿富汗牙刷。其中一个患者听到我提及自己没有牙刷时送给我的。很明显，我不能拒绝他。"我俩咯咯地大笑起来。就是这些珍贵的回忆，支撑着我度过那艰难的一周。现在当我发现这些回忆是何其珍贵时，我的心碎了。这些或许是奥斯马尼医生一生中最后几个幽默快乐的时刻。

我们那时都知道，医院位处变化迅速的战线中央，这是我们所能直接感受到的。当战火迫近，枪击和爆炸使墙壁震动。我很害怕，我们大家都很害怕。当听到一声巨响仿佛在医院附近响起，我们全部立刻蹲在远离重症监护部窗户的地上，紧张地互相张望，半哭半笑似的，在共同身处的危险情况下苦中作乐。我们亦尝试将患者及易燃的大氧气罐从窗边移走，但重症监护部的间隔令这难以进行。我时常担心由窗户而来的袭击，却从来没想到袭击会由上空而来，而医院竟会是数日后遭受袭击的地方。

这星期过了一半，医院急诊室护士拉尔·穆罕默德在离开医院途中被流弹击中，伤势危及性命，我们也为此事召开了一次医院员工紧急会议。为他急救时，我心里不断自欺欺人地嚷道："他是我们的人，他是不可能受伤的！"我们把他安顿在危重症监护病房后，召集了医院约80名员工召开紧急会议，我在会上看见好几张新面孔，都是刚刚赶到医院顶替离开员工的。这星期头几天还与我们并肩作战的同事，很多都趁战情稍退而逃离了家园，把家人安顿到其他安全的地方。而顶替他们的同事，都多花了一些时间才能赶到，有的因为居住地区受战事波及而被困于家中，更多的是来自其他省份，他们都冒着生命危险前来昆都士。尽管如此，他们终于都赶到医院并正式投入工作了。

我印象特别深刻的是副医疗总监萨塔尔（Satar）医生和药

剂部主管塔西尔（Tahseel），他们都是从喀布尔千辛万苦赶过来，帮助医院渡过难关的。看到各人聚首一堂，猛然提醒我们尽管人手有限，但都彼此一心，坚守岗位，定要肩并肩一起把医院撑起来。我们一起经历了彼此生命中，也是昆都士创伤中心有史以来最困难的时刻，其间能与这许多位英勇的男男女女站在一起，能和他们成为同事、成为朋友，我感到无比自豪与光荣。

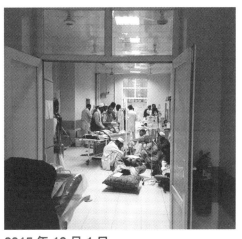

2015 年 10 月 1 日，
昆都士创伤医院不堪重负，
医护人员们忙着拯救伤者的生命。

图片拍摄：MSF

　　因为这漫长的战事，我们所有人都付出了不少代价。这星期差不多完结时，我们不但体力耗尽，精神和情绪上也要透支了，不止一次，我们都被绝望之感所笼罩。来到最后一天，一个家庭在逃离昆都士时，被困于战事交火中，几个小孩当场被杀死，另外两人分别在医院急诊室和手术室离世，其他人则身受重伤。奥斯马尼医生难掩哀恸："他们都只剩下鲜血和尘土了，他们都肢体不全了。神呀，他们的哭号还有人会听到吗？"

　　几小时后发生的事，是我永生都不会忘记的。当时我经过急诊室，主管苏赫拉布医生把我叫住，他手里抱着一个 6 个月大的婴儿。和他共事了 5 个月，我第一次在他脸上看到那悲恸的神色。他告诉我，自己刚刚宣布了这婴儿母亲的死亡。这对母子在路上遇到炸弹爆炸，母亲以自己的身体保护婴儿，以自己的生命来换儿子一命。我们一起前往女病房，要把这漂亮的婴儿交给女护士照顾，他对我说："凯瑟琳，我承受不了，我真的承受不了。这是我第一次忍不住自己的泪水。"之后我们没有再说一句话，默默地走向病房，任凭泪水在我俩面颊肆意涌流。我整个人都被掏空了，那刻我很想紧紧地抱住他，告诉他一切会安好的。但我不能这样做，因为这是当地文化所不允许的，但更重要的是，我自知这只是个谎言，没有人知道将来会变成怎样。

回到急诊室后，苏赫拉布医生跟我提及部门人手问题，原来我们就只剩下 4 名医生了，不少人都已离开了昆都士。他大概是在我脸上看出我的忧虑，急忙安慰我说："还有我，我会留下来的，我不会离开医院和我的同胞。"我心中为这勇敢年轻人的气魄所感叹。他还告诉我，阿明医生已把家人安顿好，并已在当天回到医院。我立刻松了一口气，虽然我们只剩下 4 名急诊医生，但其中两个是最优秀的苏赫拉布和阿明。

到第五天，即最后一天，也是重症监护部最感乐观的一天，大部分患者康复情况都很理想，预计很快可以离开重症监护部。

一号病床上的患者在 1 个多月前因交通意外受重伤，出现了多种并发症，但他的情况十分理想，接下来几日可以开始逐步停用呼吸机。那天早上我告诉他可以尝试自己呼吸时，他兴奋地看着我，更主动和我握手（阿富汗男人很少对一个女人这样做），表达尊敬和谢意。我很有信心，不消几天他便可完全丢开呼吸机，也很快可以回家了。

二号病床上的是急诊室护士拉尔·穆罕默德，他入院两天以来情况一直很好。看见他身体逐渐康复过来，我才放下心头大石，并打算于翌日上午让他从诱导昏迷中醒过来。

七号床上的女孩莎伊斯塔（Shaista）只有 3 岁，她在一场爆炸中被炸至左腿和臀部分离，更几乎失去了身体全部血液，经过多次输血和手术才保住性命。现在她的康复情况令人乐观，我十分开心，计划第二天把她转到普通病房。她的母亲一直陪伴在她身边，当我告诉她莎伊斯塔明天会转到普通病房时，这位脸上总挂着亲切微笑的漂亮母亲如释重负。

八号床的瓦希度拉（Wahidullah）12 岁，是我的奇迹之子。他父亲告诉我他是班里的尖子生，语气十分自豪。他约两星期前遇到交通意外，脑部受到创伤性损坏。尽管我们已尽了最大努力，他仍一直处于昏迷状态，没有任何复苏迹象。由于重症监护部床位的需求很大，我们必须把资源留给最有机会生存下来的人，很遗憾，我们认为瓦希度拉生存的机会并不大，所以提早把他转到了普通病房。那天早上，我和奥斯马尼医生收到紧急通知，病房内一个患者心脏突然停顿了，看到是这孩子时，我的心不禁往下一沉。进行急救时，我们一同讨论继续下去是否有意义，但他的父亲恳求我们不要放弃他的孩子。出乎意料的是，他竟然很快恢复心跳，虽然有点为难，但我们答应了他父亲，把瓦希度拉带回重症监护部接受短时间治疗。

这天下午，奇迹出现了，瓦希度拉的父亲把电话放到他耳边，让他母亲向他说了好一会儿话。听过那通电话后，他就醒来了。他睁开眼睛，口中念念有词，更能听从指示和我握手。重症监护部内每一个人都忍不住围拢过来看看这孩子，这个我们几乎要放弃的孩子，这简直是个奇迹。大吃一惊之余，我随即告诉他的父亲我们会在第二天早上为他移除呼吸机，然后送他到普通病房。我们都笑了，这实在太令人惊喜了。明天将会是美好的一天。

然而，对于大部分患者以及那天晚上在重症监护部值班的工作人员而言，那美好的明天并没有来临。美军空袭我们医院的第一枚炸弹，就是落在重症监护部。除了莎伊斯塔外，病房内所有患者都当场殒命，陪伴患者的看护人亦然，我们更失去了奥斯马尼医生、护士齐亚和猛男纳瑟尔，还有清洁工纳西尔，他们都死了。我多么希望那三位包括急诊室护士拉尔·穆罕默德在内仍然未醒的患者，都是在睡梦中安详离世的，然而我知道这只是个奢望。他们都被困在病床上，被灼热的火焰活活吞噬。

随着美军战机精准的连环袭击步步逼近，重症监护部的噩梦一直蔓延到主楼其他部门。急诊室护士穆希布拉死了，清洁工纳吉布拉都死了。阿明医生受了重伤，他成功逃离了主楼，我们将早会室旁的厨房改成临时手术室，拼命地想要把他救回，但却只能为他多换来一小时的生命，最后，他在同事怀里去世了。手术室护士阿卜杜勒·萨拉姆也未逃出死神的魔爪。空袭继续，从被当成员工临时休息室的门诊部，一直延伸至主楼其他地方。萨塔尔医生死了，病历记录员阿卜杜勒·马苏都（Abdul Maqsood）死了。我们的药剂师塔西尔自负重伤，逃去早会室，但不久后就死于失血过多。两名医院看守萨比（Zabib）和沙菲克（Shafiq）也死了。

我们的同事不是像电影情节般平静地离世，他们是痛苦地、慢慢地死去，他们有些大声叫喊救命，但他们等到的并不是救援，而是无尽的孤独和恐惧，他们清楚了解自己的伤势，也知道死亡即将随之而来。其他受伤的工作人员和患者不计其数，有手脚被炸断的，有身体被炸弹碎片穿透的，有烧伤的，有肺部、眼睛和耳朵被爆炸造成的气压波所伤的，许多人都因此而终身伤残。这噩梦般恐怖的一幕，将留在我脑海里一辈子挥之不去。

回到澳洲的家里，我坐在咖啡馆里俯瞰大海。呷上一口意大利咖啡，突然听到飞机在上空飞过，我没有抬头去看，我知道没有这必要，这只是一个标准的民航机，我现在很安全。从一片危难来到这奢侈的平安，原来是这么容易。

我盯着那片广阔的海洋，试图解读心中那挥之不去的沉重

2015 年 10 月 3 日,
昆都士创伤医院被炸后,
医护人员在医院残余的楼里
继续实施紧急手术和医疗活动。

图片拍摄：MSF

失落感，泪水涌上我的眼眶，那是我心中的悲痛，我的朋友、我的同事，他们在我心中烙下这锥心之痛。还有患者！噢！那些患者！多少年轻的生命，多少充满希望的生命，都一一被无情地夺去了。我不仅为此悲痛和失落，更为在 10 月 3 日失去亲人的人，为所有昆都士人因长期冲突失去的一切，为来自世界各地的工作人员和当地员工以 4 年时间辛苦营建的医院毁于一旦，感到悲痛。我不禁想，这烧焦了的建筑物支架，本来是一座每天能拯救几十条生命、治疗几百个患者的医院。他们以后要怎么办呢？活下来的人，还有以后受伤了的昆都士人，他们以后到底会怎么样呢？有谁会来救助他们，为他们提供复杂的创伤护理？有谁会来把他们破碎的身体缝补起来？这一切都无法理解。我能够做的，就只有在自己跌进无底黑暗深渊前，逼着自己往前看。

2016 年 1 月
摘自无国界医生博客

0 月 3 日，昆都士创伤中心被炸数小时后，
国界医生一名成员在废墟上行走。

片拍摄：MSF

我的患者
库兹瓦约

周 吉 芳

医生在某一个时刻必须做出艰难的选择，很有可能两个方案都是错的，只是在治疗效果出现前，任何人都无法预料可能出现的后果，而消极等待只会使情况变得更加糟糕。

南非是世界上艾滋病病毒感染者最多的国家，政府也因此开展了全球最大规模的艾滋病治疗项目。夸祖鲁 - 纳塔尔省（KwaZulu Natal）是该国艾滋病感染率最高的省份，无国界医生在当地开展了雄心勃勃的项目，扩大当地的检测和治疗范围，并力求尽早开始治疗以保障更好的治疗效果和带给患者更好的生活质量。除了支持当地的医院和诊所，无国界医生还在人们聚集的地方开设一站式检测点，配有检测人员和咨询辅导人员，为人们提供心理疏导，并陪同需要治疗的患者前往诊所。来自宁波的周吉芳医生在 2013 年来到小镇埃绍韦（Eshowe）的救援项目，他记录下了这个沉重的故事。

2019 年 6 月 12 日，无国界医生表示：组织在夸祖鲁 - 纳塔尔省小镇埃绍韦的艾滋病／结核病治疗项目提前一年达到联合国艾滋病规划署（UNIAIDS）制订的"三个 90"目标 [1]。这代表着即使是在艾滋病病毒感染率高、资源匮乏的地方，也能够实现最初看起来遥不可及的目标。而这目标，与每一个患者的命运息息相关。

周吉芳　　医生

周吉芳医生，来自宁波，在上海交通大学医学院毕业并获得硕士学位，之后获得美国密歇根大学卫生政策与管理专业公共卫生硕士学位，并于美国伊利诺伊大学芝加哥分校药学院获得卫生经济学与药物流行病学博士学位，曾经在上海交通大学临床医学院、巴黎第七大学、法国圣路易医院等机构实习或工作。现为中国药科大学副教授。

1　　2013 年，联合国艾滋病规划署提出，到 2020 年实现"三个 90"目标，即 90% 的艾滋病病毒感染者自身知情，90% 感染者获得治疗及 90% 接受治疗的患者体内病毒载量得到抑制，数值低到无法检测。

我从 2011 年起先后在刚果民主共和国、布隆迪、南苏丹和南非以医生的身份参与到无国界医生的工作。在那些无人知晓的角落里，我见证了无法用语言形容的战乱、贫穷和苦难，也时时被当地人民谦卑、包容、执着与无畏的勇气所打动。感谢我的患者、同事和伙伴，也同样感激父母和家人的理解和宽容，允许我经历这一段难忘的旅程。

当门诊部护士长第一次向我提起这个患者的时候，我一时没有反应过来。

门诊等待室里大清早就是满满一屋子的患者，在嗡嗡的噪声中，护士长叫住我："那个在住院部的叫库兹瓦约（Khuziwayo）的患者，你早上查房觉得他的情况怎么样？"

我感到很奇怪，住院部和门诊分属不同的系统，她之前很少关心住院部的患者。库兹瓦约是祖鲁最常见不过的名字，和 Dlamini、Buthelezi、Zanele 一样，许多人都选择这个名字为他们的孩子命名，所以我第一时间弄不清楚她说的是哪一个患者。

"我的侄子，他住院了。"

我明白了，怪不得她这么关心。可是我还是不知道她说的到底是哪个患者，叫库兹瓦约的人太多了。下午的时候我特地去了一趟住院部，搞清楚了这个患者的基本情况——他 33 岁，

在离约翰内斯堡 120 千米的勒斯滕堡，
铂金矿吸引了大量寻找工作机会的外来人口聚集于此，
他们多生活在狭小、拥挤，安全和卫生没有保障的环境中。

图片拍摄：Tadeu Andre / MSF

之前在德班工作，可能在那里感染了艾滋病，大约两年前确诊并服用抗艾滋病病毒药物至今，因为慢性腹泻住院。

　　这个患者的情况很典型，南非的大城市，无论是港口德班，还是拥有大量矿场的约翰内斯堡，都聚集了大量来自乡村的农民工。他们在城市边缘的贫民区居住，恶劣的卫生情况令他们感染了各种传染病，当他们回到故乡探亲的时候，这些疾病就在乡间传播开来。

　　库兹瓦约的情况只能算是中等，经过前几天的药物治疗，腹泻基本已经被控制住了。但是当我看到了他的 CD4 细胞[1]计数报告，不禁倒吸了一口气——每毫升血液只有 5 个 CD4 细胞，而正常人应该在 500 个以上。此外，他的血液病毒载量[2]在百万级别。这是一个处于"无人地带"的患者。

我用祖鲁语向他打招呼："感觉怎么样？"

出乎我的意料之外，他的英语说得非常标准："好多了，谢谢你，医生。"

我注意到他的床头有一张卡片，上面应该是他的孩子。卡片上用稚嫩的笔迹写着："爸爸快点回家。"

"你的孩子？"

"对的，他们在德班。"

"孩子由他们的妈妈照顾吧？"

"他们的母亲去世了。"

不用他说我也知道是什么原因，这里高达 30% 的艾滋病感染率令大批青壮年死亡，留下了大量的艾滋孤儿。我的一位南非上级医生常常这么说："老年人发病率较低，现在的孩子因为母婴阻断传播，发病率降到了 2%，只有中间的青壮年受艾滋病的影响最大，疾病偷走了整整一代人。"

1　CD4 细胞是人体免疫系统中的一种重要免疫细胞，由于艾滋病病毒攻击对象是 CD4 细胞，所以其检测结果对艾滋病诊断、治疗效果的评估和对患者免疫功能的判断有着重要作用。

2　病毒载量指病毒的负荷，即体内复制的病毒数量，简单地说就是通过测量得到的每毫升血液里病毒的数量。

"你要好好吃药，孩子们都靠着你呢。"我说。

"我知道，出院后我就要回德班，不工作就没有面包。"

我问他服药的情况，他告诉我他一直都按时服药，只是CD4 细胞的指标越来越低。

可能是病毒变异了吧。我这么想着，在出院前给他开了一个病毒基因分型的检查。这个检查可以鉴定病毒变异的类型，如果发生了变异，常用的药物疗效就会大打折扣，往往需要改用副作用更大但也更加强效的二线抗病毒药物。这个检查需要两周的时间才能出报告，等到出报告的时候常常患者都已经出院了。

我没有想到不到两个星期，库兹瓦约又因为腹泻住院。这次的情况相当严重，我见到他的时候，他已因为严重腹泻出现了休克的症状。经过紧急治疗，他的情况稍微有点好转。

查房的时候，他尽力抬起虚弱的身体，向我打招呼。

"没想到我们这么快又见面了。"我说。

他没有说话，脸上露出了疼痛的表情，看来是肠绞痛发作了。我看到他的床垫边黄色的粪便溢了出来，腹泻量非常大，成人纸尿裤也兜不住了。

他的脸上露出了痛苦的表情，紧紧地闭上了双眼。他是一个受过良好教育的年轻人，肯定不愿意在这样的情况下与别人见面。但是疾病会毫不留情地剥夺一个人的尊严，从肉体到精神把一个人彻底击垮。

几天后他的基因分型报告出来了，果不其然，艾滋病病毒发生了变异，而且是最难对付的 K65R，绝大多数的核苷类似物逆转录酶抑制剂对这种病毒已经失去了任何效用，需要立即开始二线药物的治疗。可是他的情况能够受得了可能引起重度骨髓抑制的药物吗？

对库兹瓦约而言，病毒很可能在几个月之前就发生了耐药。因为慢性腹泻，他的胃肠道无法正常吸收药物，导致药物浓度长时间达不到有效浓度，因此病毒发生了变异，突变耐药的病毒株脱颖而出，导致免疫力下降。而免疫抑制的状态加重了胃肠道感染，使患者更加难以吸收药物。这是一个恶性循环的过程，要打破这个恶性循环，必须引入更加强效的药物，只有重新抑制病毒复制，免疫细胞才能够得到恢复，单纯治疗腹泻只能是治标不治本。

可是另一方面，强效的药物往往具有更强的副作用，有的时候单纯的治疗反应就可能令患者情况突然恶化，甚至直接导致死亡。医学上称之为"治疗相关性死亡"，而且患者一般身体情况越差，越是容易出现治疗相关性死亡。

医生在某一个时刻必须做出艰难的选择，很有可能两个方案都是错的，只是在治疗效果出现前任何人都无法预料可能出现的后果，而消极等待只会使情况变得更加糟糕。

在咨询了其他医生的意见之后，我决定还是选择积极的治疗方案。因为如果等待他腹泻情况好转，可能会错过最佳的治疗时间。

我对库兹瓦约说："这是蛋白酶抑制剂，也就是我们常说的二线治疗药物。这可能是你最后的机会了。因为病毒出现了变异，你之前的药物已经失效，所以我们只能采用更加强效的药物，如果你有什么反应，请第一时间告诉我们。"

他点了点头，看得出来，他非常了解自己的情况："我会坚持服药的。"

不幸的是，在接下来的几天他的情况越来越差，腹泻根本无法控制。他的身体失去了所有的抵抗，肠道成了绝佳的培养基。这种腹泻基本上是复合型感染，寄生虫、真菌、细菌和病毒，此起彼伏，抗生素因为无法被吸收，也无法在靶器官达到治疗浓度，治疗非常棘手。在他生命的最后几天，我怀疑他合并了医院获得性肺炎。

在他生命最后的一天，我查房的时候看到他的呼吸非常急促，已经戴上了氧气面罩。

"我渴，"他的神智似乎不太清楚，"医院里的水没有味道。"

我打了个电话给门诊的护士长，让她通知患者的家属，库兹瓦约的情况不太好。

"对了，给他带一瓶甜味的饮料。"

接下来的几小时我都在给其他医院打电话讨论转院的事情，但是幸运女神没有眷顾我，上级医院的床位都已经满了，到下午的时候库兹瓦约停止了呼吸。

　　我在门诊的医生办公室看到了他的父亲，老人在默默地流泪。

　　我不是第一次接待刚刚失去亲人的患者家属，可是我从来都不擅长安慰别人。我只能握住老人的手，告诉他库兹瓦约两次住院的情况。

　　他说："他第一次出院的时候，CD4 细胞从 5 上升到了48，我和她的母亲都觉得治疗开始有效果了。"

　　我明白免疫细胞从 5 到 48 的数值在免疫力极为低下的情况并不代表有任何改变，不过我没有说出来。

　　"库兹瓦约的母亲没有来吗？"

　　"她在医院外面，一直哭，她不想见任何人。"

　　我实在难以忍受沉重的气氛，我试着问起了患者家里的情况，"库兹瓦约应该有兄弟姐妹吧？"

　　"他有一个弟弟，很多年前被枪杀了，是误伤。"

　　我简直想狠狠地打自己一个耳光，为什么在这个时候揭开了刚刚丧子的老人心里的旧伤疤。

　　我陪着库兹瓦约的父亲坐了一会，这位老人捂住了脸，喃喃地说："他错过了他儿子的毕业典礼。"

　　我走出门诊办公室，屋子外边的景色没有任何的变化，一切似乎还是原来的样子，远处教堂的钟刚刚敲了四下，云彩在山谷间投下大片的阴影，午后的风吹过漫山遍野的甘蔗田。我突然感到了失落和沮丧。

在南非夸祖鲁－纳塔尔省的偏远地区，甘蔗农场遍布绵延的山间。
静谧的风景让人难以想起这里是该国艾滋病和结核病最严重的地区。

即使这里有数以万计的名叫库兹瓦约的人，但是有一个名叫库兹瓦约的年轻人，再也不会回来了。一位父亲失去了他的儿子，两个孩子没有了父亲。

我不知道更多关于他的故事，除了他两次短短的住院，我们的生命再无更多的交集。我的患者已经永远离开了这个世界。而留在尘世中的我们，只能选择坚强。

谨以这篇小文纪念我的患者库兹瓦约，他是两个孩子的父亲，一对夫妇的儿子。

2013 年 11 月于南非

我的海地手记

张 滋 洋

> 每当这时我都会安慰他们，明天
> 会更好，但是海地明天会更好吗？
> 我也不知道。

经历了一连串自然灾害、持续不断的政治和经济危机的打击，海地的医疗体系早已岌岌可危。捐助者的关注和资金已经转到其他地方，导致医疗物资和工作人员严重短缺。无国界医生继续准备好应对紧急需求。在首都太子港（Port-au-Prince），无国界医生团队治疗紧张局势下的创伤和烧伤受害者，在海地南部省提供孕产妇、性与生殖健康服务，在德尔马斯 33 区（Delmas 33）和阿蒂博尼特（Artibonite）省治疗性暴力幸存者。

2010 年，地震在数秒钟内将海地首都夷为平地，超过 10 万人死亡，成千上万的人受伤或被埋在瓦砾中。面对地震带来的大规模和长期需求，无国界医生决定在太子港开设组织首个最高级别的创伤医院。纳普肯贝医院（Nap Kenbéhospital）是在太子港塔巴雷（Tabarre）社区的集装箱上建造的一座临时建筑，在 2012 年情人节开放，设置了 107 张病床，并免费开展此前只有少数最富有的海地人通过私人医院才能获得的手术。不到一年的时间里，外科手术的数量是最初计划的两倍，需求持续增长，主要来自交通事故等意外伤害的受害者。从 2012 年到 2017 年，该医院为各行各业的 6 万名海地人提供了治疗，提供了紧急创伤和内脏手术，这些患者通常需要长期的物理治疗，以确保四肢的充分恢复和功能正常。

张滋洋　　医生

我出生于 1982 年，毕业于华中科技大学附属同济医院，获得外科学硕士学位，并于德国慕尼黑工业大学附属医院获得博士学位。博士求学期间，多次到欧洲及美国的医学院进行交流学习。回国后在武汉同济医院接受外科培训并成为骨科医生，目前是武汉同济医院骨科副主任医师，主要负责四肢骨折及严重创伤的救治。我曾于 2017 年加入无国界医生并到海地的创伤医院工作 3 个月。

海地，每次提到它的时候，我总是十分地伤感，在海地的经历已经是 4 年多以前了，有些记忆比较模糊了。写这篇手记前，我翻出刚到海地时写的文字，又将原来在海地拍的照片一一在电脑里打开，一瞬间那些失去的回忆又渐渐在脑中浮现，仿佛又回到了 2017 年在海地的夏天。

海 地 初 印 象

去项目之前，我脑中的海地完全是从各种各样的新闻中得到的支离破碎的信息，印象最深刻的是 2010 年海地大地震及当时有中国维和人员在海地牺牲。

从飞机上看海地，远处是延绵的群山高耸入云端，眼前是曲折的海岸线，在蓝天和白云的映衬下显得特别美。如果你告诉我飞机并没有到海地而是飞到了一个加勒比海旅游岛国，我也会相信的。但当飞机慢慢降落，看到海边连绵成片的贫民窟时，脑中突然有一个声音告诉我："你到海地了。"后来当地人告诉我，由于海地没有任何垃圾清理和排水系统，导致海地人的生活垃圾和污水都是直接排入海，所以有钱人都是住在山上，而靠近海的位置都是贫民窟，所有的垃圾和污水都聚集在那里。

马蒂斯桑（Martissant）是海地首都太子港最大的贫民窟之一，这里生活着 26 万人。
无国界医生自 2007 年开始设立一间全天候服务的急诊中心，
2017 年起也为社区改善水利卫生设施，以预防霍乱这类通过水传播的疾病，
以及寨卡、登革热、基孔肯亚等这类虫媒传播的疾病。

图片拍摄：MSF / Lauranne Grégoire

从两年前发出申请到获得录取通知，再到参加无国界医生的培训，虽然感觉自己应该是准备好了，但是当海地近在眼前，马上就要成为真正的无国界医生时，心里还是有一些疑问："我准备好了么？"

太子港街头一角。

图片拍摄：MSF / Lauranne Grégoire

现在回想起来，我当时还是比较紧张的，人生第一次到了一个感觉可能会有生命危险的地方。不过幸运的是，我在下飞机时遇到了一个背着无国界医生背包的女士，我马上上前打招呼，她是第二次来海地的无国界医生后勤人员，她看了我一眼，说："没事的，跟着我一起，我们应该顺路。"我悬着的心才放下来。

机场非常小，感觉非常混乱，填写完入境卡、支付相关费用后，我们出了机场。机场外已经天黑了，但是却站满了人，一出机场就有人围上来问："出租车，你要去哪里，先生？"给我一种似曾相识的感觉。在中国的部分机场和高铁站好像也有这样拉客的人，但很多都是黑车，我想海地应该也是如此吧。

坐上无国界医生的车辆后，我在车上张望。一路上没有高速公路，没有路灯，路边感觉有些阴森，路上行人不多，很多当地人在路边聚集，但是好像又没有具体在做什么。第一次乘坐无国界医生的四驱车，我感觉还不是很适应，空气中有一股轮胎烧焦的味道。由于路况非常差，路面坑坑洼洼，路上满是尘土。

到了海地之后我才发现，海地很难用电视中看到的画面来概括。和很多发展中国家一样，海地有很多贫困混乱的地方，也有很多美丽风景和名胜古迹。每天清晨出发去上班前，看到蓝天和白云都会让人心旷神怡，但是在上班路上看到的一些景象又会把我慢慢拉回到现实中来。

适应项目生活

项目上的工作实际上是比较单调和枯燥的，每天早上6：50就要一起出发去医院，我们医疗人员的工作从7：30开始，和国内的医院一样，先交班，讨论前一天晚上的急诊手术病例，基本上每天都有各种各样的创伤患者入院，虽然这所医院在海地的条件是比较好的，但是，每天交班仍然可以看到，医院除了做一些骨科和腹部外科的处理以外，对多发伤并没有什么好的处理办法。

每天晚上6点有车将我们从医院接回驻地。晚上一般不能随便外出，也不能在宿舍外散步。当地治安差，我们工作的创伤医院经常接收枪伤的患者，我刚来几天就遇到有一位当地医生的新车在酒店门口被砸破车窗、盗走车内物品。当地几乎所有条件稍微好一点的房屋都是高墙耸立，铁门紧闭，甚至门口会有持枪的警卫 24 小时站岗。如果需要外出，我们要提前登记，还要带上无线电随时报告自己的位置。如需长时间外出，必须和项目负责人讨论可行性，并且所有外出一律使用无国界医生的车辆接送。

我们有当地人专门负责做饭，使用当地食材，所以有很多热带水果和蔬菜。驻地的食物基本上都采用西式的烹饪方式，好在海地人吃米饭，所以我不需要像在欧洲学习的时候那样自己煮饭吃。洗衣服也有当地人帮忙，虽然要等好几天才能送来，但是至少也为我这个很少做家务的人解决了不少实际困难。海地的住宿和其他无国界医生项目比起来好像好不少，至少有一栋楼，每个人都有自己的房间和洗漱间。虽然屋内的条件很一般，但是有 24 小时热水。虽然蚊虫较多，也经常在室内看到老鼠和蜥蜴，但是总的来说条件比我想象中要好得多。

我住的地方有近 20 名救援人员，包括来自法国、意大利、菲律宾、英国、黎巴嫩、尼日尔、卢森堡、巴西、墨西哥等国家的后勤、财务、医生、护士、麻醉科医生等专业人士。我们的国际医生团队有 4 人，分别来自意大利、卢森堡、墨西哥、中国，我是其中资历最年轻的一个，其他几位医生都已经是满头的白发了。

刚来的一个星期非常有新鲜感，但是由于并不能到处走动，所以我只能在医院和驻地到处熟悉环境。医院是由集装箱组建的，分成 ABCDE 几个区域，每个区域都有特定的作用，例如急诊、小手术室、住院部、办公室、手术室、ICU 等，门诊在医院外面单独有一排平房。

对于骨科来说，我认为这里的医疗器械是比较齐全的：X线机、手术牵引床、外固定器、髓内钉等常规器械都有，而且都是欧洲标准。不仅如此，麻醉机、呼吸机等设备也是一应俱全。但是，当我真正看到设备时才发现，很多设备都是最基本的，例如钢板仅仅是最基本的钢板，而且型号比较单一，并没有解剖钢板；X线设备也没有储存功能，所以手术中的图像并没有办法储存。当然，高级的设备就更没有了，比如 CT、MRI 这些在国内县级医院都会有的设备。医院没有 B 超和 CT，有时会导致一些比较复杂的病例无法确诊。在国内用 B 超和 CT 一扫描就可以确诊的病例，在这边可能只有进行开腹探查或者保守观察。这对医生的诊疗基本功是一个很大的考验。

17 岁女孩（右）在放学后过马路时被枪击中腿部，附近居民送她到无国界医生的医院接受治疗。
医院还为她和陪护家属提供免费食物。

图片拍摄：Jeanty Junior Augustin

由于海地地震已经过去数年，我去的时候海地大选已经结束，当地局势比较稳定，我们接收的创伤患者大部分都是车祸伤、枪伤和刀砍伤等。我除了指导当地部分医生进行手术外，还负责部分培训和教学工作。医院里有 20 名海地当地骨科医生，他们能够实施大部分常规手术，例如骨折外固定术、骨折髓内钉固定术等，但是由于医疗条件限制，对于很多骨折损伤后血管神经肌腱的处理及软组织的处理，当地医生基本上都没有概念，于是我主要在这方面进行了一些示教。

在手术工作外，还为当地医生开展培训。

图片提供：张滋洋 / MSF

那 些 海 地 的 年 轻 人

海地当地人说的是克里奥语，是演变自 18 世纪法国统治时期的法语，接受过教育的人会说法语但是口音很重。而我是项目中唯一一个完全不懂法语的人，只会英语和德语，当时项目专门给我配了两名年轻的翻译，在医院工作时，他们轮流负责我在医院的交流工作。当地医生大都会英语，但许多时候他们还是喜欢用法语或者当地语言交流。两位翻译给我了许多的帮助。

其中一位翻译叫 Jean，看上去很年轻，似乎只有 25 岁，但是实际上已经 32 岁了。我本以为他就是一个普通翻译，一起工作久了熟悉了起来，他告诉我他大学学的是国际关系学，年轻时的梦想是去联合国工作，他会说法语、英语、西班牙语，并在自学葡萄牙语。他说做翻译主要是为了生活，他的梦想还是到美国去读书，只是自己的签证一直被拒绝了。每次我们只要一聊到国际关系，他就可以准确地说出每个我说到的国家的地理位置、国情和周边国家的联系等，甚至对于中国他也可以说出一两个连我都不熟悉的地方来。有时我会问他一些国际关系的问题，无论是中日关系、新加坡历史、以色列建国、黎巴嫩历史他都对答如流，而且一说起国际关系他可以滔滔不绝地讲到你实在听不下去叫停为止。

另一位翻译 leo 是护理学校毕业的，但是由于翻译更容易找到工作，他放弃了自己原来的专业。每次聊天，他都会问我各种各样关于中国的问题，因为我是他遇到的第一个来自中国内地的人。

每次当他们谈到自己的专业，总会两眼放光、兴高采烈，但是每次问他们什么时候能够回到自己的专业领域，他们又都特别悲伤地告诉我，很难。Jean 告诉我海地目前作为最不发达的国家之一，基本没有什么国际关系可言，他当然也没有用武之地；而 Leo 总是说护士收入低，也没有稳定的工作。每当这时我都会安慰他们，明天会更好。但是海地明天会更好吗？我也不知道。

在这间医院工作的每个人好像都有亲戚或认识的人在 7 年前的地震中受伤或者去世，比如医院的普通外科负责人，平时看他都一副风轻云淡的样子，但是有一次长谈时才知道，他原来有 3 个孩子，现在只剩下了 2 个，年纪最大的孩子在地震中丧生了。他谈起这件事的时候很平静，就好像丧生的是别人的孩子似的。我想，可能经历了那么多的悲伤，和那么多人反复说了自己的悲伤，也许你才会将自己的伤心事说得好像不是自己的一样吧。

在这里，我只是一个过客，但想到这里遇到的年轻人，有的兢兢业业也未能实现自己的梦想，有的永远失去了变老的机会，就会觉得伤感和惋惜。

给想要加入无国界医生的你

我了解到现在国内有许多临床医生，特别是创伤科和骨科的大夫也想去体验一下无国界医生的工作和生活，所以我也写了一些自己加入无国界医生的经历，希望对大家有帮助。

其实我加入无国界医生也是种种机缘巧合，参加工作后每天都要接触许多急诊外伤的患者，每次做完急诊感觉自己可以将患者从严重的创伤甚至死亡线上拉回来，非常有成就感。但是工作时间久了，渐渐觉得工作中的挑战感越来越小，原来觉得比较有挑战的手术，渐渐也觉得比较平常。看到无国界医生的一些报道，就会想那是不是对我来说更有挑战一些呢？在危险的环境中为了单纯的救死扶伤的目的去救人，也许我应该去那里体会一下？

于是我在 2015 年开始申请无国界医生创伤骨科医生的职位。在官网上提交报名申请后，我接到电话面试，他们问了我一些专业问题，用的是英语。之后应要求提交了个人简历、医师执照等电子版材料证明自己的资质。当时前线人力资源部门的负责人跟我说，他们暂时没有急需外科医生的项目，但是可以让我在 2016 年去香港参加无国界医生为外科医生专门设计的培训。当时我还有些失望，感觉自己可能没有达到他们的要求，但是后来参加了培训我才知道，只有他们觉得有可能参加无国界医生的医生，才会推荐参加这个外科医生培训。

通过那一次培训，我了解到了许多原来都不知道的关于无国界医生的一些知识。首先，无国界医生虽然都在条件艰苦的地方进行医疗操作，但是他们的基本医疗操作都是有很好的保障的，如果当地没有良好的医疗条件，他们会根据当地情况进行最基本但是合格的医疗配备。后来我到海地的医院，发现他们创伤骨科用的钢板和髓内钉都是国际通用的产品，这说明他们并不会因为医疗中心所处的地区而降低医疗质量。其次，精神和心理状态是我们这些想加入无国界医生的医生们需要首先考虑的问题，如何调整自己的心态，如何快速融入新的艰苦的工作环境，如何在有需要时向组织的同伴支持网络求助，都是我们这些想当无国界医生的申请人首先要学习的能力。这个我觉得非常重要，大家参加无国界医生的初衷肯定是想做出一些成绩，但是当到了项目后会遇到各种各样的问题，特别是医生，在国内大医院分科、分专业比较细致，但是在项目上，如果患者伤情比较重，出现一些无法预测或没有处理过的问题，一定要调整心态及时和同事们沟通，这样才能顺利完成任务。

去海地的救援项目前，我去到比利时的布鲁塞尔接受了为所有首次参与救援任务的人设计的培训。参加这个培训的都是马上就要参加任务的人，培训内容除了安全事项外，我印象最深刻的就是团队合作，几十个互相不认识的新人，如何快速进行项目分工合作是这个培训的一个非常重要的内容。几十号新人，只有我一个亚洲面孔，好在我在欧洲读书的时候也参加过不少类似的培训，基本上都能圆满完成任务，不仅让大家在一周的培训过程中接受了我这个唯一的亚洲面孔，还和几个欧洲的小伙伴建立了良好的友谊。这些培训都是很有必要的，例如我在培训中认识的一个小伙伴就是后来我在海地的项目负责人之一，她也给我提供了不少帮助。身处陌生艰苦的环境，执行高压力的医疗任务时，快速地和周围形形色色的人组成良好团队并融入团队是非常必要的。

2022 年 4 月于武汉

伊曼的追寻

温 达 德
Dirk van der Tak

伊曼与未婚妻一家失散了。他不断
寻找，到处尽是逃亡的人，太多的
人，太多的自顾不暇。

胡图族是卢旺达的大族，1959 年推翻了图西族的统治。此后国内多次种族冲
突，数以万计属于少数族裔的图西族人被杀，逃亡国外的达 60 万人。1990
年，流亡邻国乌干达的图西族人组成军队，计划以武力重返家园。卢旺达的
胡图族激进分子开始装备民兵，并大肆宣传仇恨图西族的言论。

1994 年 4 月卢旺达总统遇刺后，军队和民兵展开大屠杀，近 100 万图西族人
与反对种族灭绝的温和派胡图族人遭杀害。集结边境的图西族军队挥兵南下，
7 月初成功控制首都。胡图族人害怕受到报复，大批逃亡，约 100 万人逃到
扎伊尔（今刚果民主共和国），另 50 多万人逃到坦桑尼亚和布隆迪。

图片摄影：MSF

温达德　人道事务人员

我于荷兰格罗宁根大学（University of Groningen）修读社会经济法律，毕业后曾任职荷兰商人银行（Bank Mees & Hope NV）及瑞士顾问公司（Krauthammer International）。20 世纪 90 年代初期的前南斯拉夫战争，令我深受震撼，促使我于 1994 年加入无国界医生。

首个救援任务是到非洲大湖区（Great Lakes Region）的布隆迪、卢旺达和扎伊尔，任扎伊尔乌雅拉援助项目协调员，该区于 1994 年间有成千上万的平民遭受种族屠杀。1995 年我出任无国界医生孟加拉国救援计划的项目主管，1997 年及 1998 年负责阿富汗救援计划，随后到中国西南地区任项目主管 18 个月，再于无国界医生荷兰办事处担任人道事务顾问。2003—2010 年任无国界医生香港办事处总干事。

离开无国界医生后，我也曾为其他的非营利组织工作，例如国际计生联组织（International Planned Parenthood Federation）、关怀艾滋（Aids Concern）、粉红三角基金会（PT Foundation）等。2015 年至 2019 年，我在全球医生选择（Global Doctors for Choice，一个国际医生网络，旨在促进和捍卫妇女的生殖权利，包括获得安全堕胎的权利）工作。2019 年，我加入无国界医生在马来西亚和利比亚的救援项目，并于 2020 年 7 月开始担任无国界医生在马来西亚项目的项目总管，该项目在马来西亚帮助罗兴亚难民。

伊曼是胡图族人。1994 年夏，因逃避种族屠杀，离开了祖国卢旺达。他跟数十万人步行了好多好多天才到达邻国扎伊尔的南基伍地区（South Kivu）鲁济济河平原（Ruzizi），在乌维拉（Uvira）落脚，成为我们救援队的厨师。那时，我正是当地难民援助项目的协调员。

我对伊曼最深的印象，是他极为谦和亲切。他话很少，真要说时也轻如耳语。他从不笑，眼里总带着忧伤。终于有一天，他来我办公室，跟我说他的故事。

他说很挂念女友。原已计划好结婚，却因战争没有成事。他痛恨种族冲突，痛恨那导致人间惨剧、无可名状的残酷。他与未来岳父母一家一起离开家园，空着肚子徒步闯过森林。路上没睡多少，他说不怎么困，只是害怕。他最关切的是照顾大病未愈的女友，路上她身子越来越弱。

到底发生了什么事情他始终不清楚，只知深夜里，筋疲力竭在树底露天而睡的逃亡人群突然恐慌起来，四散乱跑乱逃，四周漆黑，什么都看不见。伊曼与未婚妻一家失散了，他不断寻找，到处尽是逃亡的人，太多的人，太多的自顾不暇。伊曼遍寻不获，只好孤身继续前行至乌维拉。

这天，他终于打探到消息。岳父母一家就在布卡武市（Bukavu）附近的难民营，他请求我批准他放假，让他寻找挚爱。第二天一早，伊曼就出发了。

三个星期后，伊曼带着微笑回到我们营地。他眼睛仍然忧郁，也清瘦了许多。女友一家的确找到了，但女友已经疯了，伊曼在联合国难民署蓝色塑胶布搭建的帐篷里找到她时，她已认不出他来，只是呆呆地凝视着空气。伊曼告诉我，女友到达难民营时如何只剩半口气，她寻找他时又如何从失望到绝望。言词间他隐晦地提到女友还在营中遭到强暴，之后还曾试图自杀。

伊曼是个虔诚的教徒，他感谢神让女友仍然活着，却不再多话。他没有说岳父到哪里去了，也没有提及岳母哀求他留下保护她们一家，只说自己需要花点时间想想以后应该怎么办。

几个星期后，伊曼再次来到办公室，我猜他已立下决心。他声音迟缓，才开口就泪水满眶。这是我第一次看见他哭，他不住地哭着。他说，女友死了，他已决定和她妹妹结婚，与她们一家留在难民营。

次晨，伊曼离去了。我从此再也没有见到他。

2001 年夏

不舍依依

罗 南 芝

从公共卫生的角度来看，我明白社会上难免有些患者会得不到治疗，但身为临床医生，又自认是理想主义者的我，是绝不轻易言弃的。

据 2003 年中国前卫生部的资料，当时国内有艾滋病病毒感染者约 84 万人，艾滋病患者约 8 万人。当年中国启动了第一批综合防治艾滋病的示范区，初步开展以"治疗、关怀和宣传教育"为主要内容的综合防治工作。同年 12 月，中国领导人首次于"世界艾滋病日"公开到医院看望艾滋病患者，并发布"四免一关怀"政策：为没有医疗保险、经济困难的艾滋病患者免费提供抗病毒药物，为感染艾滋病病毒的孕妇提供免费的阻断母婴传染药物和婴儿检测试剂，免费提供艾滋病咨询和初筛检测，艾滋病家庭儿童免收上学费用，并对生活困难的艾滋病病毒感染者和患者给予必要的生活救济，以及加强艾滋病防治知识的宣传，消除对感染者和患者的歧视等。

随后，2004 年国务院召开全国艾滋病防治工作会议，发布《关于切实加强艾滋病防治工作的通知》，开始为成年患者进行大规模的免费治疗；2007 年推行结核病／艾滋病双重感染的免费治疗；2009 年起为部分对一线治疗药物产生耐药的患者提供二线药物。截至 2010 年 7 月，中国政府已经累计为 9 万多人提供免费抗病毒治疗，其中包括对成年人、儿童和阻断母婴感染的治疗。

全世界一度对艾滋病恐慌，中国也不例外。当社会对这种病还普遍缺乏认识的时候，歧视问题很严重，甚至有医疗人员拒绝治疗艾滋病患者的情况。难得的是尚有一些热心的医务人员和个人，尽力尝试着给病患一些帮助。

以下故事发生在中国开展大规模免费治疗的前夕。

广西壮族自治区疾病预防控制中心门诊部主任唐医生与作者（左）接受南宁电视台访问。
图片拍摄：龙欣欣 / MSF

罗南芝　　医生

我是澳籍华人，内科医生，来自墨尔本。曾接受热带病、艾滋病及性传播疾病培训，也曾进修国际法。我自 1996 年起先后在无国界医生的阿富汗、泰国、缅甸、孟加拉国及中国的项目工作，2001—2007 年间在中国生活，负责无国界医生在四川凉山及广西南宁的艾滋病防治项目。之后曾在中国国家艾滋病治疗项目、克林顿基金会艾滋病行动任职。

我目前跟家人住在瑞士日内瓦，参与无国界医生的"病者有其药"项目，致力于寻找能适用于资源匮乏地区的结核和疟疾新药及诊断试剂。我很怀念美味的中式点心。

王依依（化名）11 岁那年，舅舅介绍她去给一个福建籍的餐厅老板打工。家人从这个有钱的老板那里收了 2000 元的"利是"后，她就跟着 15 个从广西壮族自治区几个小镇来的女孩一起出发，到东部城市几家新开张的餐厅打工。依依的妈妈并不想她离乡背井，但由于爸爸患病，单靠妈妈做菜贩的收入不足以养家，而且舅舅说这是挣钱的黄金机会，依依也只能无奈地同意了。

5 年后，即 2003 年，我有机会见到了依依。那时候，我正在为无国界医生法国部评估在广西壮族自治区设立的艾滋病综合治疗和关怀的项目。当时适逢严重急性呼吸综合征（又名"非典"、SARS）的高峰期，任何人在中国国内远行都不容易，特别是有发热症状的；而艾滋病病毒感染者出门若被发现，往往会被临时扣押和隔离。依依当时发着高热，脸上还出现了一些异常的皮疹。由于她打工的地方在她检出艾滋病病毒阳性之后把她开除了，在没有收入来源的情况下，她只有返回老家。原来，依依到达打工的地方时，才发现那些所谓餐厅实际上是经营卡拉 OK、暗地里非法卖淫的娱乐中心。依依觉得很羞愧，所以没有告诉家人。自己身体还好时就定时给家里汇款。因此家人一直被蒙在鼓里，对依依的处境茫然不知。

几位热心人士安排我和依依见面。依依妈妈看见我就失声哭起来。她告诉我她把大部分家当变卖了给依依在广州治病，那是他们找到的唯一治疗艾滋病的地方。那里的医生对依依很好，给她治疗结核病，但他们没办法资助她接受控制艾滋病的抗病毒治疗。由于无力支付住院费用，妈妈只能在依依接受结核病强化治疗的中途把她接出了院。有一些关注艾滋病病毒感染者的热心人给依依提供了一些相当不错的抗病毒药物，但她的病未见好转。我们资助她购买治疗结核病和控制艾滋病病毒的药物，希望她能保住性命，等到几个月后无国界医生的诊所开张，可以得到免费的抗病毒治疗。

当时广西壮族自治区甚至中国大部分地区都没有艾滋病治疗的服务，人们对患者因为免疫能力差而容易患结核病和青霉菌病这种情况也没有认识（依依脸上异常的皮疹就是青霉菌病引起的）。社会上对艾滋病病毒感染者充满歧视，无数人因此丢失了工作，父母呈阳性反应的学生会被学校拒于门外。家里有人患上这种病，整个家庭就会堕入极度贫穷的困境，又因为当时医疗保险在有些地方并没有普及，就算有也很有限，所以患者要负担自己的医药费，而有些费用极其高昂。

无国界医生与当地医生、官员和患者组织合作，开展一个免费的、旨在挽救患者性命并让患者可以获得抗病毒治疗的项目。诊所在 2003 年 12 月 1 日世界艾滋病日那天开张。当天，前来就诊的患者在诊所门外排起了长队，其中有些人甚至坐了 12 小时的汽车赶来。不过，王依依，这位我见过面，有份促成这一治疗项目的患者，很不幸等不到这个诊所开张就离世了，这令我感到极度遗憾。

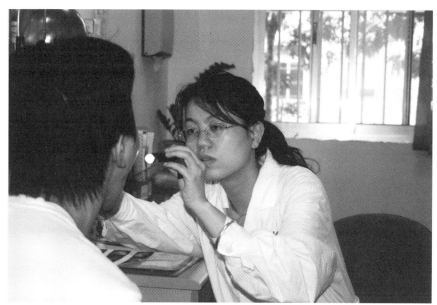

艾滋病诊所开张后，无国界医生的一名医生正在为患者提供咨询服务。

图片拍摄：Anna Tsuji

　　我赴巴黎汇报诊所筹备事宜之前，在广州一间医院见了依依最后一面。穿上蓝白条纹睡衣的依依，看起来像个囚犯，所不同的是她戴着用艾滋病病毒制造的"枷锁"。她告诉我她妈妈为了尽最后一份力救她，已把房子卖掉，她也不得不独自长途跋涉来到这里，入院接受治疗。医院的医生说她身体里的艾滋病病毒出现变异，对药物产生耐药，以致现有的抗病毒治疗变得无效，在国内再没有其他可获得的治疗药物了。此外依依还患上了很严重的真菌感染，尽管医生给她开了新的药物，但是治疗无效。三个星期后依依就不幸离开了这个世界。

通过无国界医生诊所和国家抗病毒治疗项目不间断的努力，数以万计的患者得到了抗病毒药物的治疗。然而，现实依旧令人感到苦涩，对很多像依依那样的患者来说，治疗机会还是不足，又或者来得太迟。这些患者可能是妈妈怀孕时没有及时接受艾滋病病毒测试而生下来的孩子，也有妻子在不知情的状况下被丈夫感染；有些人需要二线或三线治疗，但基于专利权或跨国药企垄断定价等因素，在中国很难得到他们需要的药物；有些人太穷或病得太重，无法长途跋涉到诊所获取需要的治疗，又或者付不起昂贵的住院费。

从公共卫生的角度来看，我明白社会上难免有些患者会得不到治疗，但身为临床医生，又自认是理想主义者的我，是绝不轻易言弃的。我永远不会忘记王依依和其他我有幸曾与之合作，或我曾诊治过的患者。已身为人母的我无法想象自己能像依依的妈妈那样宽厚，女儿不幸病逝，仍然在诊所开张那天给我们来信，感谢我们尽力救她女儿。她的来信令我百感交集，极度难过又倍感谦卑。

的确，无国界医生支援的地区大部分都远比中国贫穷。但在中国，就好像在很多国家一样，由于医疗体系尚不完善或其他原因，那些得不到医疗服务的患者会很无助。无国界医生应该继续与这些患者一起共同努力。即使我们有时无法挽救患者

的性命，但对这些生命故事的见
证，将鞭策我们更努力地去改变
未来。

位于广西妇幼保健院的艾滋病自愿咨询监
测点，南宁市，2009 年。

图片拍摄：Anna Tsuji

编者注 1 ：

　　20 世纪 90 年代后期，因抗
艾滋病病毒药物面世，艾滋病在
欧美已从不治之症变为一种长期
病，感染者只要每天服药就不致
因病早逝；然而每人每年约 1 万美元的药费，加上大部分专家
认为疗法复杂，治疗方案很难在发展中国家推行，这些国家的
绝大部分感染者得不到治疗，实际上被放弃了。

　　无国界医生拒绝接受这种状况，2000 年首先于泰国治疗
艾滋病，翌年再在亚、非、拉 6 个国家开展艾滋病治疗项目，
并倡议把药价降低至发展中国家的患者也能够"病者有其药"
的水平。当时，全球仅百分之一急需抗病毒治疗的艾滋病病毒
感染者能获得所需药物。

　　如今获得治疗的感染者已大幅增加。药厂间的竞争已令抗
病毒药物价格急剧下降至每人每年 100 美元以下，疗法也因固
定剂量三药复合制剂的出现而简化了。许多原本活不下来的

人，现今都健在。

2003 年无国界医生在中国湖北省襄樊市和广西壮族自治区南宁市与当地卫生部门合作，开展艾滋病关怀和治疗项目，为艾滋病病毒感染者提供免费及保密的艾滋病综合护理和治疗。襄樊项目和南宁项目已分别于 2008 年及 2010 年移交当地政府。

2011 年无国界医生共为 19 个发展中国家的超过 17 万名艾滋病患者提供了抗病毒治疗。截至 2010 年年底，全球约有 600 万名发展中国家的感染者在接受抗病毒治疗，但未获得治疗的仍有近 1 000 万人，足见治疗推广得仍然太慢。要确保感染者能终生获得所需治疗，前路尚有许多障碍要跨越。

编者注 2：

在过去的 10 年里，艾滋病治疗的规模大幅扩大，但联合国艾滋病规划署（UNAIDS）在 2014 年世界艾滋病大会上提出 2020 年实现"三个 90%"的策略目标未能达成。2021 年，仍有 65 万人死于艾滋病。

多年来，无国界医生开展试点并开发了分散化治疗的模式，将患者分散到离他们更近的周边医疗机构接受治疗，部分任务从医生下放到护士和卫生工作者。实践证明，最成功的艾

**无国界医生与广西壮族自治区疾病预防控制中心
合作设立的艾滋病诊所，南宁市，2009 年。**

滋病毒感染者照护模式就是以患者为中心，倚重社区参与的方法。如今，艾滋病毒检测呈阳性的人会接受咨询，并立即开始治疗。

无国界医生仍在治疗不同群体的艾滋病病毒感染者，特别关注支持被边缘化的人群，以及艾滋病晚期患者的治疗，他们在与疾病抗争时还要克服污名、歧视、社会排斥等障碍。

2023 年 8 月

我的奇遇之旅

柴 溪

在这一段接一段的前线旅途中，我
找到了自己，也找到了爱情。

无国界医生救援项目上不仅有医生，还有后勤、财务、人力资源等非医疗人
员。他们为医疗项目的开展提供了后勤保障、安全保障，也招募、管理救援
团队，确保捐款人的资金获得合理使用，让救援项目顺利运转。来自北京的
柴溪就是其中一位财务和人事管理人员，她于 2013 年加入无国界医生在南苏
丹的救援项目，在那里，她亲历了重重挑战，但也收获了友情和爱情。

柴溪　　财务

2001 年到北京读大学，专业会计，先后在欧盟、使馆及联合国等国际机构工作。2013 年夏天在南苏丹开始了无国界医生的第一个前线任务，在多罗难民营项目担任财务人事经理。之后多次参加无国界医生在埃塞俄比亚、埃塞俄比亚索马里区域、尼泊尔、也门、缅甸等国家和地区的紧急救援项目。

世界那么大，我很后悔这么迟才出来看看。我是在 30 岁时才第一次参加无国界医生的前线任务，从此打开了一扇通往那个真实世界的大门。如果可以回到过去，我一定会出发得更早一些，这样就可以多参加一些前线救援任务，去更多被忽略的地方，见到更多不同的人，经历更多想象不到的事情，说不定也会更早就遇到木头人。

做喜欢的事，才能遇到喜欢的人。人生很短，做最喜欢的事、爱最爱的人都来不及，为什么还要浪费时间在不喜欢的事情和人身上？我和木头人当时就是各自放弃安稳生活，去做自己喜欢的事，才在非洲遇到彼此。如果当初不是下定决心踏出第一步，估计现在人生也没有那么开心。

走出去后发现，世界上有很多像我们一样奇奇怪怪的人，他们用意想不到的方式，每天做着自己喜欢的事。这些人大多有一个特点，就是快乐。这条前线救援之路带给我们太多的惊喜，我们永远都不知道自己下一刻会在哪个地方，会遇到什么人。虽然生活有时艰苦，但更多的是开心和收获。

当你足够坚定、足够有信心，向着自己向往的方向勇敢地迈出第一步后，生活会带着你往前走，前面会有很多的惊喜在等着你，尽情享受吧！

那是 2013 年的夏天，我决定离开北京去往南苏丹北部的多罗难民营中工作。

我乘坐着小型飞机在非洲中部平原的上空飞行，从飞机的窗口望出去，一望无际的草原上河流蜿蜒流淌，遍地绿色盎然，那时的南苏丹正当雨季。我就这样开始了住草棚、无线电24 小时不离身的生活，为无国界医生在多罗难民营里的三个流动诊所和一个大型诊所项目做财务和人事管理。

我们在南苏丹的宿舍。

图片拍摄：柴溪/MSF

艰巨的挑战

刚抵达的几天，我因为水土不服发烧，所以一直穿着长衣、长裤、登山靴，只有个别暴露在外的地方被蚊子叮咬了几个小红点。一个多星期之后不再发烧，于是换了薄一点的长裤，换掉登山靴，穿上了一双普通的慢跑鞋，自此悲剧开始上演。工作了一个多小时之后，脚上开始痒，开始没有在意，却越来越痒，撩开裤腿一看，吓了一跳，脚踝和小腿上七八个大红包，于是跑回宿舍取了出发前专门在国内买的防蚊贴，一只鞋里塞了一只，把防蚊液涂满脚踝和裤腿，然后又开始工作。不到半小时，不仅脚踝痒，连鞋里面部分的脚面也开始痒，我干脆脱掉袜子来看，一看吓了一跳，每只脚上都有十几个大包和红点，看着自己脚上和腿上的那一个个大红疙瘩，我的心情完全可以用恐惧来形容了。我跑回宿舍，这次穿了两层袜子回来，人人都笑我，结果还是不停地被咬，手上工作不能停，脚上疙瘩也不停地增加，最后痒得我简直有想要把自己的双脚砍掉的冲动。偶然低头的时候，看到一只蚊子从我的裤腿里飞出来，从此以后，不论再热的天，我都穿着高筒登山靴和厚裤子。

原本以为，有了多年的财务管理经验，前线的工作应该不难，但到了南苏丹，才发现工作负荷量远超想象，更有挑战的是，很多工作流程变了。当地缺水缺电，没有银行，财务支出都要用现金。无国界医生在当地招募了300多位工作人员，他们的薪水，还有在当地采购设施和资源的支出，全部要用现金。每月发工资前的几天，是我最紧张的时候，要用一天半时间按照工资单清点准备好需要发给所有当地员工的现金工资。那些时刻，我就在闷热的房间里一边点钞一边挥手拍打蚊子，小面额的钞票很多，而且破旧，只能用手点。有时我和助理就一张一张数钞票到晚上十一点。

更没想到，就算来了这"火星"一般的南苏丹边境，我还是没有逃出做"支出分析"的命运。无国界医生的多罗难民营项目支出包含大量的药品、净化水工程、建筑花费甚至飞机和船只的费用，所需物资更是包罗万象，有些在当地采购，有些在首都采购，有些通过无国界医生的供应中心提供，有些是下国际订单，这些林林总总的支出，看得我眼花缭乱也没有理出个头绪。

那时我还是刚到达项目一个月的"前线菜鸟"。作为项目里最新的成员，却要向大家展示经费支出的比较分析，并指出哪里有问题，这根本就是不可能完成的任务！连着几天下来，我愈看愈不知道该怎么下手。

这时，在多罗首都朱巴的财

不是所有的"数钱数到手抽筋"都让人心情愉悦。

图片拍摄：柴溪 / MSF

务协调员打来电话："到项目两个星期了，怎么都没有给我打电话？"

"什么电话？"我不知道她在说什么。

"求助电话呀。你以为我的职位是虚设的吗？才不是呢，快存下我的电话号码，存到紧急求助电话下边！"财务协调员是个快乐的印尼姑娘，她在电话里哈哈笑起来。

"别着急，明天我就到多罗，我们一起来做！"她快乐的声音有让人瞬间放松的魔力。

第二天，她果然来到前线，几百项支出一条条地向我解释，把她做过的支出分析演示模板给我，手把手地教我怎样做修改。

在我完成支出分析报告的最后时刻，办公室因为需要整体除虫，所有东西要在规定时间段搬出。在我终于做完报告，长吁一口气后，环顾四周才发现办公室里除了我的桌子和椅子，周围所有的东西都不见了，墙上地上都铺上了一层塑料布。原来队友们在我做报告的时候，从狭窄的办公室里把我周围的柜子、文件、打印机一件件小心翼翼地搬出，居然没让房间正中坐在电脑前的我挪动一点点，那一刻，心里满满的都是感动。

经历了那么多事，最让我没有想到的是万事开头难，中间难，结尾更难。在这里的生活，每天都充满突发事件与变故：到达的第一个月，我要做项目上半年度财务支出分析；第二个月，我要做下一年度的项目预算；第三个月，队友到邻国培训，我要负责两个部门；第四个月，助理休假，项目主管因病撤离，我一人身兼两职；第五个月，南苏丹内战爆发，很多当地人离开家园，难民营内的国际机构陆续撤离；第六个月，办公室筑起防弹墙，首都的协调办公室迁移到邻国肯尼亚继续工作，机场关闭，休假的队友无法赶回，我的本地助理辞职，之前几个月的艰难一下子都显得那么微不足道……

但最出乎我意料的是，在这样繁忙的工作中我收获到了非常珍贵的前线友情和爱情，那种缺失的一角被补上的感觉实在是太美妙。

这段故事，我还得从头说起。

另一个故事的开端

还是那个夏天，低空飞行了 3 小时后，飞机降落在难民营旁的一条红土跑道上。走出飞机，我踏在陌生的红色土地上环顾四周，跟我穿着一样 T 恤衫的队友忙碌着搬运物资，飞行员靠在机翼上给飞机加油，远处的当地小朋友冲着飞机不停地挥手喊叫。人群中我看到有一张亚洲面孔，备感亲切，我走过去，仰起头对他说："你好，我是柴溪。"

这就是我和木头人（来自香港的救援人员梁瀚瑧的昵称）第一次见面的场景，现在回想起来，觉得简直浪漫得一塌糊涂。

在我兴奋地叽叽喳喳了半天之后，木头人对着我勉强地点了一下头，含糊着"喔"了一声便扭头接着去搬东西，我连他的声音是什么样都没有听到。

他乘坐我来时的飞机去休假，我坐着四驱车开往营地。忙忙碌碌的工作占去了我百分之二百的注意力，直到一天早晨的例会之后，木头人走过来和我打招呼，我这才发现原来他已经休完假归来。这时的木头人笑容满面，和机场初遇时神情淡漠的他好像两个人。

在这个用树枝和茅草圈起来的院墙内，有二三十个来自世界各地的年轻人住在简易的小土屋里。这些被当地人叫作 Tukul 的小土屋由树枝搭建而成，泥土抹墙，茅草盖顶，一床一桌一椅便是所有家当。屋内低矮，站在里面连我这样的矮个子都要不时低头避让屋顶，进出门时需弓腰侧身。好在有蜘蛛挂在角落，青蛙在地上蹦跳，有了它们点缀，这些小土屋里倒也显得生机勃勃。

按照安全守则，晚上七点后我们便不能再外出，只能待在小小的院子里。于是晚餐后，院子里那棵大树下就成了多罗最棒的

无国界医生的车辆上必不可少的是组织的旗子以及武器不得入内的标志。

图片拍摄：柴溪 / MSF

聊天聚会地点。最妙的还是周六晚上的派对，院中的草棚从饭厅到会议室摇身一变，成了摩登原始人的迪斯科舞厅，积蓄了一周的工作压力在快节奏的音乐声中随着身体的摇摆被释放，这就是被圈在院子里的年轻人用来放松的娱乐方式，除了我和木头人。

整个院子里不喜欢派对聚会的恐怕只有我和木头人。其实我俩对于派对上吃的部分还是相当感兴趣的，每次派对上都有各国队友亲手烹制的简化版家乡菜肴，我俩总是大快朵颐之后迅速跑路，以躲避之后无聊的派对时间。

无奈队友们热情又友好，见我们在 Happy Hour（欢乐时光）里闭门不出，都很担心我们的心理健康，尤其是队里还有一位富有经验的心理医生，我俩被大家分析为工作压力过大需要及时释放，不然可能会撑不到任务期结束。于是队友们死拉硬拽一定要我们出来参加派对开心放松一下。

木头人同学一向意志坚定，坚决不从，八点钟准时回小土屋里洗澡睡觉。而我却顶不住大家的关切，被敲几次门后往往就临阵投降，被拖到树下坐进人群里，无聊地看着飞来跳去的蚊虫们发呆。

在一次派对结束后周日的午餐上，我忍无可忍地对木头人诉苦："参加派对才是我压力的来源，我更情愿回房间睡觉。"

一向温和的木头人对派对的态度倒是异常的坚定："他们喜欢的派对就是聚在一起听音乐、抽烟、喝酒、聊天，坐在那里喂蚊子，对我来说这可真比工作辛苦多了。"我俩一拍即合，有种知音难逢的感觉。

在前线，工作量大是肯定的，我习惯每晚加班到深夜，而木头人的习惯是早睡早起，他说清晨的空气特别凉爽，而且早晨工作有一大好处：那时蚊子还没有出来。跑步是木头人在多罗生活中重要的一部分，清晨早起泡杯茶，先工作一会儿，再去营地外的飞机跑道上跑步，这就是木头人一天的开始。几个月下来他的体能竟然慢慢提升，前阵子跑完了还可以举重，身体状态比大学的时候还要好。

听他讲得眉飞色舞，我点点头礼貌性地附和："我也挺喜欢跑步的。"

"你也喜欢跑步？"单纯的木头人满怀期待地看着我。

"那当然！我长跑短跑都很好！"我拍着胸脯开始了夸张的表演，"上学时我的八百米跑两分半，五十米能跑进七秒。"

"真厉害！我八百米也是两分三十秒左右。"这样的鬼话木头人居然也相信，还对我连连称赞，"太好了，又多一个志同道合的跑友了，明天早晨早些起来我们一起去跑步吧。"

看着他认真的表情我憋着笑起哄："好呀，那不如五点钟就起床吧，先工作两小时再去跑步！"

第二天早晨正睡得昏天黑地，突然被一阵敲门声叫醒，一个声音在门外不停地喊我："柴溪！柴溪！"我揉着眼睛钻出小土屋，整个营地里一片黑黢黢，天边的星子还在闪耀，周围一个人也没有，低头一看手表：果然是凌晨五点！

木头人端着杯子从黑暗里冒出来："水烧好了，这是刚泡的茶。"我接过茶，心里连连叫苦，以后再也不能和这个木头人乱开玩笑。

木头人在项目上给大家做的健身器材。

图片拍摄：柴溪 / MSF

哈欠连天地在电脑前工作了两小时后，木头人把电脑一合，拿好对讲机（安全守则有一条：不管到哪里都要随身携带对讲机）对我说："该跑步了。"我在心里盘算了一下，跑回小土屋左拿右拿装满了腰包，这才跟着木头人出了营地大门。

一路跑到飞机跑道边，木头人在前面仍然步伐轻快得像只大鸟，我落在后边跑跑停停已经喘到不行。木头人扭头无语地问我："你不是说你很能跑的吗？"

"我以前的确很能跑的啊。"我回答得理直气壮。

其实害我跑不动的"真正"原因是腰包实在太沉：相机、两块备用电池、三卷备用菲林、智能手机，还有个小小的三脚架。早晨出来跑步，跑不跑那是其次，最要紧的是把摄影设备带齐全，凹造型拍照片那才是正经事，木头人听了我的歪理有些哭笑不得。

让人沉醉的朝阳。

图片拍摄：柴溪 / MSF

飞机跑道给了我们绝对的惊喜，那里视野开阔，金色的光线柔和又迷人，是绝佳的看日出地点，我的相机不停地响，早就忘记了跑步这件事情。趁着清晨凉爽，难民营中很多小孩子出来打水，我赶紧拿出拍立得相机为他们拍照，看着他们拿着自己的照片惊奇地大叫大笑，木头人也忍不住停下脚步跑过来加入我们。只一个早晨，木头人就被我"传染"，变成了拍照狂人，他的跑步计划彻底失败，体能也每况愈下。

最艰难的是别离

在多罗，我的办公室门外挂着一块白板，每当一个熟悉的名字出现在上面时，就是到了要说再见的时刻。

第一次知道这块白板，是来南苏丹前在香港做任务简报时，来自马来西亚的药剂师 Alvin 告诉我："你是星期四的飞机飞多罗，我看到你的名字在白板上。"Alvin 刚刚结束在多罗的任务回来，他告诉我在多罗的办公室墙外，有一块白板，写着每星期将要离开和到来的人，他就是在那里看到了我的名字。

来到多罗的第一件事，便是找这块白板，去看我的名字。没想到的是，以后负责更新这块白板的是我，负责到机场迎来送往的人也是我，第一次迎接队员，就接到了我在项目上认识的第二个好朋友——来自香港的药剂师 Rachel。在人际交往中，我属于慢热被动型，是 Rachel，一次次不厌其烦地拉我参加团队的各种活动。有段时间，我工作压力很大，队友到邻国参加培训，我身负数责天天泡在办公室不出来，Rachel 在周末的下午强行把我从办公室拉出来到院子里，让我躺在长椅上闭上眼睛休息，闭上眼睛仅仅几分钟我就陷入沉睡，是 Rachel，坐在旁边守着我不让别人打扰我，直到我自然醒过来；是 Rachel，在我压力大的时候要取消和朋友已经约好的休假旅行，准备找个地方陪我好好休息；是 Rachel，在我有困惑的时候，直言不讳地批评我，每次她训我，我都能得到意想不到的收获。

非常难得的是在一个项目里同时有 Rachel、木头人和我，而且我们三个都是第一次任务，很快就混熟了，成了"铁三角"。我们每天早晨一起到机场跑步看日出，然后奔赴各自岗位工作，一天劳累结束后带着满身尘土和汗水谈笑风生地吃晚餐，一起爬水塔看多罗美丽的夕阳，一起认真地分享那看似不可能的梦想，一起待在办公室里一边敲电脑工作到深夜、一边喂蚊子，一起互相批评、互相开玩笑，一起在周末去难民营和孩子们玩耍，一起

初次参加救援项目就结识了
来自不同地方的好友，这体验太美妙。

图片提供：柴溪 / MSF

难民营的孩子们没法上学，大人们整天发愁怎么填饱一家人的肚子，
对孩子们的陪伴不够，我们和孩子们玩起小时候玩过的简单游戏，
总能让他们开心不已。

图片拍摄：梁潮臻 / MSF

在工作间隙给团队成员包饺子做中国菜改善伙食……这些快乐
的点点滴滴让工作带来的巨大压力得到很大程度的缓解。

队友同事来来往往，告别在这里每天都在上演。没几天的
工夫，我就从不愿面对离别的前线新人摇身一变，成了擅长告
别的"老手"：帮队友把行李塞进飞机，转身张开双臂来个告

别的抱抱，右左右三个脸颊吻一个也不能少，然后用力地握手，说出"See you"之后要再加上"somewhere in the world"，这才是前线风格的道别，每一个告别，都是下次重逢的开始。

美好的日子总是过得飞快，在又一次更新白板时，名单里面居然跳出了木头人的名字。

不可置信地扳着指头一算，可不，木头人已经来了五个多月，他的任务很快就要到期，要离开非洲去欧洲参加培训。算起来从木头人休假回来，我们相识不过一个月的时间，可相处时那轻松自在的感觉却好似熟识多年的老友一般。

离别的难过伴着午饭时没有察觉的那根鱼刺，一起悄悄地扎进了我的喉咙。我在白板上一笔一画慢慢写完他的名字后，喉咙间突然痛得说不出话，咽不下水。

临走前一晚，木头人来到我的办公室里加班。

离开项目前的几天总是最忙的时刻，写工作报告，和继任者做交接，给下属做评估，打包行李，真是恨不得一天有48小时才够用。木头人也终于摒弃了不熬夜的良好习惯，深夜里蹲在电脑前面敲个不停。

加完班合上电脑，木头人突然问我："你有WhatsApp的账号吗？""没有。"

木头人又问："那你有Facebook的账号吗？""有，但是忘记密码了。"

"那你在Facebook上的名字是什么？"木头人接着问。

　　"我不记得用的名字是中文还是英文了。"我想了半天，沮丧地发现实在没有印象。

　　"算了，除了工作，你在个人事情上没有一件是清楚的。我再帮你申请一个吧。"木头人撵我起来，霸占我的电脑开始一阵敲，没过一会儿，我有了一个新的账号。"你应该感到很荣幸，因为我给你加的第一个好友就是我。"木头人很拽地对我讲。

　　"好啦！以后我们就可以在 Facebook 上面聊天啦！"木头人一脸欢快地把电脑还给我，我一直耷拉着的脑袋一下子开心

在项目上拍到的我最喜欢的一张照片。

图片拍摄：Rachel Chee / MSF

地弹回了原位。

离别的清晨，木头人仍然像往常一样早起，去机场跑道上跑步。虽然下了雨，但我第一次跑完全程，完成了和木头人一起晨跑中最认真的一次。

早饭后，我们在那条熟悉的红土跑道上笑着道别，在拥抱后即将分开的刹那，他的手臂又用力地一紧，近到可以闻到他身上汗的味道，我不清楚心里的那句"别走"是否脱口而出。

我看着他和每个人握手，看着他微笑着低头钻进机舱，看着飞机的门慢慢合上，螺旋桨开始转动，看着飞机在跑道上滑行，起飞，渐渐远去，直到变成一个小小的黑点，消失在远处的天空中。

这一次分别之后，我们会各自出任务，虽然有那句"See you somewhere in the world（人生何处不相逢）"，可世界这么大，前线项目又那么多，谁知道在哪个角落才会重逢，重逢的时候又会是哪一年？他离开后的那个下午，我坐在办公室里，突然哭得一塌糊涂。

最 难 忘 的 生 日 礼 物

每周飞机来到难民营会带来我们所需的物资药品，也会带来队友的私人包裹，我是负责发放的人，却也是从没有收到过包裹的那个人。可是这一天，我居然在一个盒子上看到了自己的名字，我欣喜地打开盒子，里面是木头人从比利时邮来的巧克力、辣椒酱和瓜子。

　　我开心地在网上对木头人说："哇塞，你居然能在比利时找到葵花瓜子。我压力大的时候喜欢嗑瓜子，那是我最有效的放松方法。""我知道啊，你说过的嘛，所以我才买。你说过的我都记得。"木头人的话快要叫我脸红了。

　　就这样日子一天天地飞过，我的生日悄悄到来，身在欧洲

木头人打印的礼物，让我感动许久。

的木头人给了我一个大大的惊喜。

生日那天的早晨，Rachel 来到我的办公室，笑眯眯地在我面前放下一张黑白色的 A4 打印纸，她说木头人发过来拜托她打印，那是为我准备的生日礼物。

我呆呆地接过来，看见纸上打印着我所有在多罗开心大笑的照片，上面写着大大的一行字："我们喜欢你因为你很二！"而纸的背面，木头人居然把我最喜欢的两位同事的照片也放了进去，还设计了好玩的对白。多罗最酷最大只的"施瓦辛格"先生绝对不会想到，他被下属木头人给"P"进了我的生日卡，这会儿他正在卡片上憨憨地对我哀求："柴溪，嫁给我吧！"

在多罗难民营，一切都是简陋的，这张处处合我心的搞笑黑白生日卡简直是太奢侈的礼物，它瞬间便引爆了我的尖叫。

我捧着这张纸一整天傻分分地笑，走路也在转圈，队友们坐在树下看到我路过时，指着我摇头叹气："前几天刚大哭过，现在又笑成这样，这个女人已经疯掉啦！"

回到北京，回不去的北京

回到北京后，我做的第一件事，是辞去了以前的工作。我想我已经回不去从前了，因为我知道我想要的是什么了。我想要的是早晨醒来会不由自主地微笑，每天都发自内心地开心，做自己喜欢的事情，帮助有需要的人。

无国界医生前线任务极富挑战性，因此吸引了很多有个性的人。我的队友们不是大城市里那种千篇一律的"办公室"腔调，在这里个性可以得到最大程度的保留和张扬。我也得以看到一个逐渐清晰生动的自己：不再逼着自己往"成熟"的处事方式靠拢，开始直抒胸臆不再遮掩；工作中受了委屈就哭，开心了就笑；做错时坦然承认及时改正，做对了就洋洋得意，手舞足蹈。

以前，我只是一个坐在办公室里擅长在 Excel 里做各种报表的财务人员，而在这里，从最初的战战兢兢，到后来的游刃有余，我有了一种脱胎换骨的感觉。

在多罗首都朱巴的协调办公室，我遇到了曾和我一起在斯德哥尔摩参加培训的意大利女孩儿，那时的她腼腆、不爱说话，平时总是低着头，而现在的她是紧急协调团队的医疗负责人，眼神坚定有力，和以前判若两人。现在想来，无国界医生的经历，让身处其中的我们都以不可思议的速度迅速成长了起来。

在南苏丹的项目过后，我告别了北京，和木头人一起出发参加了多个救援项目，去到了埃塞俄比亚、埃塞俄比亚的索马里区域、缅甸、尼泊尔、也门，在国内等待项目的间隙，我们在四川、云南、藏区各地做志愿者。

前线工作让我们变得简单和快乐。在前线工作的快乐来源有很多，来自于没有多余的烦恼，没有那些办公室政治，可以放心地做自己；来自于和队友们齐心合力地做一件事；来自于可以亲眼看到自己的工作成果，亲眼看到我们的工作能够帮助到当地人，这份快乐无以言表；来自于可以深度接触到当地的人和文化，项目所在的地方，是平时旅行时花钱都无法去到的地方，从另一个视角去看，这加深了我们对历史、对世界的兴趣。

在这一段接一段的前线旅途中，我找到了自己，也找到了爱情——我和木头人自然而然地在一起了。

那是怎样的旅途呢？

我们曾在亚的斯亚贝巴的郊区醒来，看见架着铁丝网的院子，窗外一片漆黑。这里的年月日和北京不一样，居然连钟点也不一样，2014 年是这里的 2007 年，人们管早晨八点的上班时间叫作上午两点，我不知道自己的具体地点，不知道到底几时几刻，没有网络，没有手机信号，仿佛穿越到了一个未知的世界。

沿着东非大裂谷一路往南行进两天，来到埃塞俄比亚南部深山里的小村子，在那里的房间很狭小，小到关上窗户，半夜我会因为憋气到头疼醒来，而开了窗户便会有各种虫子跑进来，在窗户上蹦蹦跳跳。

我们曾在埃属索马里沙漠腹地被明亮的月光晃醒。月光透过窗户照进我的房间，我惊喜地跑进院子，看见了深蓝的夜空中，此生见过的最耀眼的月亮。静悄悄的村庄在月光下一览无

加尼泊尔地震后救援项目后，我对自己说，
一定会回来，因为这里的人们如此美好。

十拍摄：梁瀚臻 / MSF

遗，一房一瓦都被照得清清楚楚，呈现出一种惊心动魄的美。

我们曾在尼泊尔乘坐直升机去往灾区运送物资的途中，抬头看到高耸的雪山，雪山那样近，就悬在我的眼前，仿佛伸手就可触碰到。直升机降落在那个叫作拉普的尼泊尔山村，学校因地震倒塌，仅剩下半堵露出黑板的墙面，绕过断壁，我看见孩子们穿着整齐干净的校服，在废墟隔壁的棚子里唱着欢快的歌。

我们曾在也门西北部的戈壁中伴着时近时远的轰炸声入眠，半夜房门被爆炸后的余波震开。每次大规模空袭后，我们需要赶去医院，因为会有空袭中受伤的人们被不断送来等待救治。完成任务时在首都萨那，我为夜半从窗口看到炸弹引起的火光而痛惜，也被突然出现在眼前的壮观的清真寺而震撼。

这前线旅程中一个个独一无二的瞬间，是我们回忆里最难忘的部分，也是我们在无国界医生前线无悔的青春和爱情。

2022 年 3 月于香港

一名流行病学学者在前线项目能做什么

张 美 文

便利患者的举措，意味着患者可以更好地坚持治疗，更好地活下去。

2020 年以来，无国界医生在开展项目的 70 多个国家继续承诺投入资源应对新型冠状病毒感染（COVID-19）。但在新冠疫情的阴影下，我们的医疗队仍要继续面对每年影响患者的健康危机，因此除了应对疫情，我们仍需努力维持原有的必不可少的医疗护理服务。

每年仍有数百万人死于可预防、可治疗的传染病，包括麻疹、结核病、丙型肝炎等，这些人不应被忽略。无国界医生继续探求为最脆弱的人群提供有质量的服务，增加传染病患者能获得的有质量的医疗护理，其中，流行病学者的作用不可小觑。

张美文　　流行病学研究者

张美文来自新疆，参加过无国界医生在南非、刚果民主共和国、马拉维、莫桑比克、柬埔寨等地的救援项目。

我从小就听说过无国界医生，也一直想在国际医疗机构和人道救援组织中工作。高考后读了医学院，想当医生救治病患，但后来觉得公共卫生更适合自己，也可以达到同样的目的。在美国读了流行病学的研究生，也积累了一些在当地和国际机构工作的经验后，我觉得自己需要更多在项目中的实践，于是申请加入无国界医生的前线救援项目。这之后就发现自己来对了！艾滋病、结核病、丙型肝炎，这一个个救援项目都可以让流行病学学者大显身手。

在救援项目上，流行病学学者主要工作是研究疾病的发生发展规律，评估项目对疾病的干预是否有效。我的工作会贯穿项目始终，在项目开始前或初始时期，我会建立检测评估系统（比如用什么指标、怎么测量）；在项目开展时会定期对收集的数据进行分析，看各项指标是不是能达到规范或者设定的目标；我们可以用数据分析结果优化或者计划接下来的项目的开展方式。除了常规监测，也会进行专门为了指导项目运行的研究（operational research），在诊疗患者的同时，有针对性地收集数据，让有成效的研究结果可以被更多的国家地区借鉴。

虽然不能直接治疗患者，但在项目上工作让我收获许多，也感受到自己的价值。

2016年，我加入无国界医生，去到南非，这里是非洲最富有的国家之一，当地医疗系统相对完善。无国界医生在南非有艾滋病和耐药结核病的治疗项目。艾滋病患者需要长期服药，患者的依从性对治疗效果至关重要，我们组建了很多病友俱乐部互相支持，此外，小组模式也减少了患者去医院取药的成本——去医院就意味着这一天不能工作，失去一天的收入。病情稳定的患者，可以加入病友俱乐部，小组成员每3个月轮流去医院取药，分给全体成员。我参与的一个试点项目是在保证治疗效果的前提下，把以前3个月一次的患者小组模式转为6个甚至12个月一次。我能理解减少取药次数可以给患者更多的便利，但并没有意识到这个革新的意义。

直到我之后去到马拉维和莫桑比克，才发现该模式的重大作用。马拉维和莫桑比克紧邻南非，但经济落后许多，医疗资源严重不足。但接受艾滋病治疗的患者还是需要每个月去取一次药，因为没钱坐公交车，或者当地根本就没有公共交通设施，有些患者去最近的有抗病毒药物的医疗机构只能步行，这样来回一趟要一周的时间。也有很多患者去外地打工，而抗病毒药物只能在他们的登记常住地领取，这让他们可能会面临着选择继续治病还是先打工养家的艰难抉择。

这里的工作经历，让我真切体会到在南非设立试点的意义。我们习惯了便利的交通和公共设施，无法想象在这些医疗资源匮乏地区的生活。便利患者的举措，意味着患者可以更好地坚持治疗，更好地活下去。

完成在南非的救援任务后，我又去到了无国界医生位于柬埔寨的新开设的救援项目。在我们开展项目前，柬埔寨的丙肝

在南非的夸祖鲁纳塔尔省，艾滋病患者组成小组，

小组成员轮流去诊所为整个小组取药，

诊所也会预先准备好给整个小组的药物，避免患者长时间等待，

小组成员间也经常在家中聚会，互相提供支持。

图片拍摄：Peter Casaer / MSF

患者只能在私人诊所获得抗病毒药物并完成诊疗，但药物的价格却很少有人能负担得起。

　　为了解决这个问题，2016 年起，无国界医生在柬埔寨首都金边，用更简单、更能负担的护理模式，治疗超过 13 000 名丙肝患者。根据对金边的治疗项目数据分析，我们知道简化的诊疗模式，配合安全、副作用小的治疗丙肝的新型药物——直接作用抗病毒药物（DAAs），患者更容易遵从医嘱，按时服药，治愈率很高。所以我们决定在2019年开始的乡村治疗项目中实行更简化的护理模式。村民可以在当地卫生所筛查和得到是否有慢性丙肝的诊断。确诊的患者经过评估，有条件的可以每月在就近的卫生所取药，而不用去很远的医院。这样便缓解了当地医疗系统的压力，使得更多的患者能够被诊断，减轻了患者的负担，提高了患者接受治疗的意愿，帮助他们及早接受治疗。

从流行病学或者公共卫生的角度看抗击疾病的问题，主要是考虑怎样利用有限的资源让尽可能多的患者接受治疗。从当地疾病的流行趋势、人们对疾病的认识，到单个患者的诊断和治疗、开展治疗的动力、治疗的效果等，在整个诊疗链上我们都有可能遇到阻力。如果对当地疾病流行情况了解不够、监控体系不完善，也就无法制定有效的干预方案；有些疾病缺乏高效便捷的诊断方法，这不仅阻碍患者的确诊，也让了解疾病的流行趋势变得更难；特效药的价格太高，还有很多罕见疾病缺乏特效药物，都会使治疗再次变得可望而不可即。

国内有完善的疾病监控体系，也有各种对疾病流行情况的调查研究，可是在我们的救援项目上，有些国家既没有完善的疾病控制体系，也欠缺调查研究。

2016年我们刚开始柬埔寨丙肝治疗项目的时候，对于丙肝在柬埔寨的流行情况，只有零星的少量数据和数学模型预测，也缺乏 DAAs 在医疗资源比较匮乏地区的使用经验。我们并不能用现有的数据开展大规模的项目计划，只能在医疗资源相对丰富的首都金边接收患者筛查治疗，积累数据和经验。随着筛查项目的展开，加上对一个乡村行政区域的住户小组调查，我们逐渐开展了针对该行政区域的筛查治疗，并积累更多的经验和知识。

无国界医生位于柬埔寨金边波列科萨玛医院的丙型肝炎诊所。

图片拍摄：MSF

　　与此同时，其他组织机构逐渐加入对丙肝的调查研究中，丙肝在柬埔寨的流行信息也越来越丰富，知道了感染人数、人群年龄、现有的传播渠道；有更多的在中低收入国家的丙肝的诊断分级和 DAAs 的使用经验，就可以实施更有效的大范围干预方案。基于这些，柬埔寨卫生部门制定了国家的肝炎控制方案。

　　全球范围内估计有 7 100 万人患有慢性丙肝，72% 的患者生活在中低收入国家。DAAs 对丙肝患者而言是突破性疗法，治愈率高达 95%，且相较旧疗法副作用少得多。因为获得了丙肝仿制药物的购买协议，在柬埔寨项目上只需 90 美元就可以为患者提供治疗所需的 3 个月疗程的药物。然而在许多地方，患者的钱包无法负担大型药厂提供的 DAAs 的价格，也无法获得价钱更便宜的仿制药，在这些国家，患者不得不等到病情恶化，才能接受治疗。

　　中国人说"行百里者半九十"，就算药物已经被研发出来，但是否能得知自己的病情、是否能得到药物接受治疗，这其中每一个环节，都关乎更大范围内患者的生死。

2022 年 4 月

一路走过的风景

黄 媛

我热爱在非洲每天做自己想做的事情的日子！

世界卫生组织发布的《2021年全球结核病报告》的数据显示，2020年，结核病这个古老的疾病是仅次于新型冠状病毒感染的第二位传染病杀手。世界卫生组织早在2014年就提出了在2035年终止结核病的战略。但是在资源不发达地区，实现这个目标依然任重而道远。

结核病患者通常没有能力唤起全世界的关注。尽管任何人都有机会感染结核病，但大部分被结核病折磨着的患者都是生活在社会中低层，甚至是住在难民营、贫民窟和监狱等地方，被边缘化的弱势人群。人们常常怀抱着一个错觉去看待这种疾病——就算结核病不断变种，我们仍以为有大量治疗方法。多重耐药性结核病对人类是一个严重的威胁，被形容为"有翅膀的埃博拉"：这两种病原体的死亡率相近，但耐多药结核病是透过空气传播的，更容易扩散。目前耐药性结核病的治疗方案，需要多种药物治疗9~18个月，当中部分药剂需要长期每日注射，药物的毒副作用和长期服用多种药物的精神负担，给患者造成痛苦。

几十年来，有关结核病的研发、治疗方法进展缓慢。无国界医生自2001年起，为耐多药结核患者提供治疗。2014年，组织治疗了逾2.3万名结核病患者，其中 1 800 人是耐药结核病患者。来自广西的黄媛医生在 2015 年底参与无国界医生在斯威士兰的救援项目。

黄媛　医生

广西医科大学内科学硕士，2004 年研究生毕业后一直在广西医科大学附属医院从事临床和教学工作。2012—2015 年在塞拉利昂首都弗里敦的塞拉利昂医学院及康诺尔医院从事临床和教学援助工作，同期还参与塞拉利昂国家艾滋病／结核病项目及首都埃博拉治疗中心的项目支援及管理。2015 年底加入无国界医生在斯威士兰进行艾滋病和耐药性结核的临床治疗和研究，回国后于 2018—2020 年作为国家专家组顾问参与了结核病新药贝达喹啉在国内的推广工作。目前是无国界医生中国医疗代表。

现在想来，在塞拉利昂的第一年最开心。首先是新鲜。另外，当时我是纯粹的志愿者，虽然只有不多的生活费，生活条件不是很好，但这一年也是接触本地人、了解他们的生活最多的一年，人们对我们志愿者都很友好，经常主动给我们提供帮助。参加各种专业的救援机构后，生活条件会更好一些，但是由于机构管理政策各不相同，我们甚至不允许乘坐当地的公共交通（也有保险公司的原因）。

我当时选择去非洲工作，就是觉得一直在国内或同一个单位工作，很容易思维固化，想到外面了解不同的工作思维和模式。在非洲的工作开拓了我的视野，不光是专业上、工作上的想法、眼界，生活上也是。接触了不同的人，不同的环境，想法也会不一样。在非洲的工作和生活让我了解"医疗"这个词更广阔的含义，它不仅是指个体的治疗，还包括了对社会和整个人群健康有更深刻的影响的公共卫生政策和项目的制定和实施。

有的人喜欢安稳，有的人喜欢追逐四方，而我，似乎是第二种人。

高考之前，要考虑大学志愿了，我对未来的生活懵懵懂懂，觉得学医出来可以做医生，就报考了医学院；考上大学后，觉得自己选的专业有意思，就一路读到硕士毕业；之后留在大学所在的医院做医生，又在 30 岁出头时与志趣相投的伴侣结婚，生活似乎顺风顺水。但我从未想过我会一直待在南宁。

十多年前的南宁还不像现在这样发达，很多国际性公益组织都在这里开展救援项目，包括在南宁开展艾滋病综合关怀治疗的无国界医生。我结识了一些在国际公益组织工作的朋友，对这个行业的工作产生浓厚兴趣。在积累了近 10 年的医院工作经历后，我申请加入了一个海外志愿者组织，去到了塞拉利昂。父母当时对我放弃在广西数一数二的医院的好工作，去非洲做志愿者的事情有些抵触，但出去之后我发现，我面前的世界真的无比广阔。

我喜欢在南宁的生活，但我也热爱在非洲每天做自己想做的事情的日子！

30岁跳出舒服圈，去海外做志愿者！

第一次出国做志愿者，我丈夫给了我最大的支持，让父母打消了最后的顾虑。假如没有他的支持，我虽然还是会坚持自己的想法去非洲，但是生活和精神上应该会更艰苦。到了塞拉利昂，我在塞拉利昂弗里敦的教学医院做临床教学，培训当地医生。虽然是教学医院，但医院的分科没有国内分科那么细，只有内科、外科。我每天早上6点起床，7点开始查房，走完几栋楼，看完所有患者，一个上午就已经过去了。中午和下午往往没什么事，再加上我们住的地方经常没有电，我们会在下午三四点钟趁着还有光线做饭。

那段日子里，我接触了各种患者，很多热带疾病我在广西没有接触过，艾滋病感染者也很少有机会接触，于是我会向当地医生学习。当地医院实验室检查条件很差，医院里资历高的医生经验很丰富，临床能力非常强，不用做很多检查就能作出

塞拉利昂首都，弗里敦。

美丽的海滩留下太多快乐的回忆。

一个基本的判断，那一年我学到特别多。

我和丈夫平时各忙各的，晚上天黑了，家里没有电，需要点蜡烛照明。那时候的生活没有被手机占据，我们会和朋友们去酒吧小聚，周末一起乘坐当地交通工具，四处探索和发现，或者和新认识的朋友们在海滩度假——弗里敦是海边城市，有很多漂亮的海滩，在内战之前，曾是诸多欧美高端旅行团的目的地，持续十多年的内战毁掉了所有设施，只有一些小酒吧、小餐馆。我们到海边后，首先预定好要吃的鱼虾就去游泳，游累了，就可以去吃折合成人民币人均一百块钱的龙虾大餐！配薯条或者米饭，真是人间美味！

志愿工作满一年后，我已经喜欢上了塞拉利昂热情又质朴、聪明的当地人，喜欢上了美丽的海滩，喜欢上了海边可口的大龙虾，喜欢上了在这里认识的不同救援组织的朋友，喜欢上了这里的医生同事。于是在结束原来的任务后，我接受了一家专注艾滋病和结核病治疗的法国机构的任务，就这样，我又留在了塞拉利昂。

亲历埃博拉暴发

2014 年，已经是我在塞拉利昂的第三个年头了。3 月，当地媒体报道了几内亚有埃博拉病例的时候，我和办公室同事也展开了讨论，但当时没有人觉得这是很大的问题，病例距离我们太远了。再过了两个月，我们得知边境地带也有了埃博拉病例，仍没有人想到疾病会传播到首都，会发展到如此严重的程度。

2014 年 7 月，我按照原计划休假。出去之后，塞拉利昂的疫情更严重了，许多往返塞拉利昂的航线停飞。我们很多同事，包括我都卡在外面。我们和机构商量，很多机构都开始撤人了，但当地正是需要用人的时候，我们这些被卡在外面的人想回去。

那个时候，我们都想留在塞拉利昂，能做一点是一点。

图片提供：黄媛

经过研究，我所在的机构没有撤走所有人，但是也没有航班可以飞往塞拉利昂，就让我在组织设于巴黎的总部工作了一段时间，还派我去无国界医生在比利时的办公室接受埃博拉防控的培训。培训完，疫情有所稳定，航班也有所恢复，于是我又在 10 月份回到了塞拉利昂。

离开了短短三个月，对当时的我而言，就像离开了很久很久。一切都变了。酒吧不开了，也没有人去海边了。我上次离开的时候，除了无国界医生在边境开设埃博拉治疗中心，没有什么机构针对埃博拉开展工作，有的也大多是做周边的预防工作。等我回到弗里敦，似乎有无数机构到来，我知道的所有的机构都在做针对埃博拉的项目。我在塞拉利昂认识的一个朋友原本是做教育顾问的，他们的项目停了以后，他说："现在没有人上学了，我总要找些事情来做。"于是他留下来，协助当地机构处理埃博拉患者的遗体。那时很多留下来的人都是在塞拉利昂待了一两年，对当地产生了感情，要么留在原有机构，要么想办法找了其他工作，都想做点什么，不管什么事都好。对我而言，我的心情会更复杂——好几个原来认识的当地医生同事因为埃博拉去世，很多是高年资的医生，我们曾经一起工作，一起监考，见面都会聊天……

因为距离内战结束不到 10 年，当时整个塞拉利昂的注册医生不到 300 名，大多是四五十岁，在欧美接受医学教育、执业，在战后又因为家国情怀回到塞拉利昂的老医生。他们在塞拉利昂的公立医院工作之余，也会自己在私人诊所执业。此外，有很多人还在医学院读书或者刚刚毕业，经验不足。塞拉利昂的医生培养机制类似英国，医生的培养需要很长时间，短时间内医生的缺乏，特别是中层医生的缺乏非常严重。这场疫情对当地的医疗系统，可谓是雪上加霜。

2015 年 1 月到 6 月，我完成了原有机构的工作，去到了埃博拉救治中心工作。救治中心就在海边，旁边的海滩有商店，白天可以开放，但我没有时间，也没有心情去吃饭了。

完成任务后回国，休息了几个月。因为耳闻目睹无国界医生应对埃博拉的工作迅速有效，且我所在机构的许多工作都会参考无国界医生的方案，与无国界医生的工作人员也有很多交流，于是我就申请了无国界医生的救援任务。有赖于我在塞拉利昂积累的经验，我很顺利地通过了考核。

跨 过 边 境 追 患 者

2015 年底，来不及和家人庆祝新年，我就一个人前往同属非洲的斯威士兰参加无国界医生的救援项目。

斯威士兰的生活环境和南宁无法相比，与弗里敦也不同——斯威士兰面积 17 363 平方千米，略大于北京，从该国最南边到最北边，开车两小时可抵达。这里的艾滋病感染率高居全球榜首，15 岁至 49 岁的人群中艾滋病感染率是 29.8%（世界银行数据），而艾滋病患者感染结核病的概率大大高过一般人，因此当地同时感染结核病和艾滋病的患者数量相当大。2015 年，无国界医生在当地治疗了超过 1.9 万名艾滋病患者和 1 400 名结核病患者。

项目所在地是山区城镇，说是城镇，其实只有一条街，找不到合适的住处，我们团队住在斯威士兰的第二大城市曼齐尼（Manzini），距离工作地点很远，上下班往往要花上两三个小

在斯威士兰，无国界医生的社区支持小组去到
艾滋病患者家里提供健康教育和咨询。

图片拍摄：Giorgos Moutafis

时。我每天7点出门，坐车将近2小时到山区医院工作。

我的工作主要是管理耐药结核病的患者，当时我们已经开展了短程方案的临床诊断观察的研究，也使用结核病新药贝达喹啉治疗患者。当时的患者挺多，一年要负责一百多位耐药结核病患者，同时治疗的往往有五六十人。

耐药结核病患者用药时间长，用药很多，有的药物还有严重的副作用。普通结核病患者一般每天用两次药，每次用四合一的药片就可以；但耐药结核病患者，多数都要定制个体化治疗方案。每个人每天至少要用 5 种药，有的要用七八种药。而不同的药物，服药的时间和要求都不一样。

39 岁的广泛耐药结核病合并艾滋病感染的患者 Winile 因为药物的副作用失聪，无国界医生的咨询员在探访她时与她用手语交流。

图片拍摄：Alexis Huguet

这个过程对患者而言苦不堪言，有不少患者因无法耐受而放弃治疗。因此保障患者的依从性，对于完成疗程、提高疗效十分重要。我们为每名患者寻找一位治疗支持者，往往是患者的邻居或者朋友，每天去患者家里，看着患者把药吃下去。我们也为患者提供心理健康支持、营养支持、经济补助，例如食物和交通补助。2018 年世界卫生组织对原有的耐药结核病治疗指南作出修订，使用新药后，治疗时间变短，但多数仍需近 1 年疗程（之前最短的疗程从 18 个月到 3 年不等）。

患者大多来自当地，接受治疗前，我们会先去患者家里家访，看看家里有没有条件对患者进行单独隔离，有条件的患者可以在家治疗，我们每个月会去随访。有些患者有并发症，或者太年幼，或者找不到治疗支持者，在家无法单独隔离，我们

一位 40 岁的耐多药结核病患者
在中途之家住了 3 个月，
医疗队为他组织了一个生日派对，
给他打气，希望他能够坚持到痊愈。

图片拍摄：Alexis Huguet

会让他们住在家庭式治疗中心（我们叫作"中途之家"）里。每人一间房，每天会有医疗助理为他们打针，带去一些生活用品。一般会住 6 个月，有的住了 9 个月或者一年甚至更长时间。

6 个月的时间对每个困在病房的人而言，无疑漫长又痛苦，有的姑娘会织毛衣来打发时间，有的人会看电视，但看一会儿也会厌烦，于是我们给他们分了一小块地，给了种子和农具。他们找到事情做，劲头十足，很快就种出了蔬菜，他们自己吃不完，还会拿到门诊，分给医生和其他患者。

每个患者治疗结束时，我们都会举办一个小小的庆祝仪式，买来糖果、奶茶、咖啡、色彩绚烂的气球，给患者发康复证明，和大家一起拥抱！在这里治疗的过程，也是大家互相打气、互相扶持的过程！有个患者很高兴终于不用再吃药了，从家里拉了一板车的牛油果过来，看到人就派发，不管是医生、护士，还是病友，人人有份！这里光照充足，牛油果硕大无比，比木瓜还大，就像个小西瓜！

在那里待久了，我能够理解每个患者痊愈时的喜悦。我永远记得一个 30 多岁的男患者，他治疗了很久，治疗的效果很好，还有两三个月就可以结束治疗了。但是有一天，到了随访时间，我们的咨询员怎么都联系不上他，最后发现，他因为在家治疗的时候无法工作，一直担心自己的经济状况和未来的生活，有一天和家人产生了矛盾就离家出走了。我们和他的家人联系时，家人起初并不在意，咨询员耐心地反复讲中断治疗的利害关系，家人才重视起来，联系他后发现他在南非边境的一

一名耐多药结核病患者在中途之家接受治疗，
并精心照料自己分到的一小块菜地。

个城市打工。

他当时已经没有传染性了，只差两三个月就可以完成治疗，那个时候停止治疗很容易功亏一篑，我们要把他找回来。我和负责跟患者联系的咨询员核对了要传递给患者的信息：为什么我们要完成治疗，他不接受治疗的好处和坏处，可能会发生的结果，确保一切信息都清清楚楚。患者还是愿意接听我们的电话，但是不愿意回来，沟通了好几次后，他说他会回来，但我们一直等不到他的行动。

以往患者每次来诊所时，我们都会给患者预备一定量的药物以备不时之需。超过两周，药物如果续不上，就等于治疗失败了。但这名患者眼看着快要断药了，却还是对回家这件事犹豫不决。咨询员跟我说，跟他当面谈，也许他会回来。讨论过后，项目的护士、咨询员、司机带着患者的妈妈一起，开车两三个小时去到了他工作的地方（南非和斯威士兰互免签证，本地人拿着护照即可出入境）。咨询员和他谈了很久，告诉他哪一天一定要来我们的项目复诊。之后的几天，我们时不时会猜想一下，那一天，他会出现在医院吗？

到了约定的复诊时间，我们真的在诊所见到了他！我很大声地欢迎他，所有人都大声地和他打招呼。他很开心，有很多人记挂着他；我也很开心，他的药物没有中断！

2022 年 4 月

无国界医生
对我意味着什么

魏钊华

2016 年 3 月 1 日，无国界医生发布了一份报告《回到施暴者身边》。报告揭示：尽管应对家庭和性暴力问题的方法已有改善，但在该国（巴布亚新几内亚）很多地方，一些协助暴力生还者的关键政策和法律的改革，推行得非常缓慢，生还者仍只能保持沉默，无法获得任何护理，他们缺乏所需的司法帮助或保护，也无法带自己或她们的孩子远离伤害。这份报告包括了来自超过3 000 名家庭和性暴力生还者的数据，在 2014—2015 年两年时间里，无国界医生救援项目上，大部分接受治疗的患者是女性，占 94%，最常见的暴力（49%）是由亲密伴侣施予；超过四分之一的妇女曾受死亡威胁；超过一半（56%）性暴力生还者是儿童，当中六分之一（17%）不到 5 岁。

来自广州的救援人员魏钊华在 2015 年前往无国界医生在巴布亚新内亚的救援项目，见证了暴力和性暴力阴影下，医疗队为人们带来一点抚慰。

魏钊华　　后勤人员

我出生于广州，毕业于华南理工大学，大学期间参与多个公益团体做志愿者。工作满 5 年，在一家跨国公司升到了区域总监的位置后，于 2015 年 5 月去到无国界医生在巴布亚新几内亚的救援项目担任后勤人员，为期 9 个月。

　　巴布亚新几内亚，第一次听到这个名字时，我只能从百度百科当中去了解这个国家：身处大洋洲，世界上较不发达的国家之一，和北京有 2 小时的时差；无国界医生已经在当地有超过 7 年的项目经验……这些是我从百度和同事那里了解到的项目基本状况。无论怎样，经过系统的培训和一段时间的等待，我终于迎来了在无国界医生的第一次任务，作为位于巴布亚新几内亚塔里项目的后勤专家，和当地雇员团队共同负责后勤管理工作。

　　好事多磨。接到任务后，我的签证申请比预料多花了一些时间。我也利用这些时间加深了对目的地和职责的了解。巴布亚新几内亚的气候属于热带气候，常年雨水充沛（注意：这很重要！我之前怎么都没想到雨水能成为我的"重点管理对象"）；1975 年正式独立成为主权国家，主要靠经济作物、石油、矿产等资源出口支撑国民经济；历史原因造成的局部战争和部落冲突依然是当地偏远地区每天的"主旋律"；而当地的医疗卫生状况始终不能保证当地的人们接受到基本的人道救援；我所要去往的塔

一名妇女被丈夫用刀砍伤背部、头和双手，在塔里医院接受医疗护理。

图片拍摄：Jodi Bieber

无国界医生自 2008 年开始在塔里医院开展救援工作，

为暴力的幸存者提供急诊和手术服务。

医院门口除了无国界医生的标志，还有枪支、斧头、砍刀不得入内的标志。

图片拍摄：Yann Libessart / MSF

里医院，无国界医生已于当地支援超过7年，无国界医生所派往的医疗专家依然是当地唯一一名执业医师……我们没办法说巴布亚新几内亚是世界上武装冲突或者自然灾难最严重的地区，但无疑这里是世界上最被"遗忘"的地区之一。也正因如此，无国界医生在这里的项目点显得尤为重要。

水土不服，差点被遣返

到达巴布亚新几内亚首都莫尔斯比港是5月的第一个星期。每一个到达当地的无国界医生任务人员都需要先到达任务所在国首都项目点进行必要的工作交接、体检、证件对照等前期准备工作，然后再到达项目点。一般来说，这需要2~5天的停留时间。一个短暂的停留成了我开展工作的第一个"拦路虎"。到达莫尔斯比港的第3天，也就是准备出发项目点前的一天，我出现了呕吐和腹泻等现象，伴随而至的是轻度脱水、精神萎靡和手脚乏力。是的，这是典型的水土不服。首都项目点的医疗统筹第一时间带我到当地医院进行体检，并开具了营养剂。身体的恢复需要一些时间，当时我也不知道自己什么时候甚至到底能不能好起来。

其实，在来无国界医生之前，我曾经有过一段在印度等地长期工作的经验，加上出发之前打了足够的"预防针"，我本以为过两三天就能到达塔里和同事们"大展拳脚"。这下好了，一出师就丢脸。当时照顾我的医疗统筹非常负责任地告诉我，无国界医生非常重视救援人员的人身安全和健康，如果身体状况严重不适应，我是要被"遣送"回国的。我一听就不乐意了，怎么可能？！我费了那么大劲，等了这么久，现在离项目点就200多千米了却要遣送我回国？！

无奈，我只能继续留在首都静养，和当地团队进行一定的沟通。还好，过了三四天，我的身体逐渐恢复了元气。医疗统筹经过详细的评估，也终于把我"放行"了。

哈哈，塔里，我来了！

第一次危机：没有水

我们常说，无国界医生的项目点有"两条腿"，一条是医护团队，一条是后勤团队。如果少了一条腿或者两条腿不协调，当地的项目就"残废"了。显然，我属于后勤团队那条腿。我所在的塔里后勤团队由我这个国际前线救援人员和约20名当地员工组成，主要负责塔里医院项目点的所有非医疗系统的维护，包括水电、通信网络、卫生管理、项目点安全、出行和车辆管理、行政财务、医疗设施维护、采购等。一句话说，就是项目点的所有非医疗工作。

这些工作在塔里是非常具有挑战的，例如水电。塔里的公共基础设施非常差。当地的居民、医院和公共机构都是没有通自来水的。当地的饮用水主要靠每天的降雨和偏远山区的山泉水。我和同事在医院里放置并维护着接近 20 个大型储水罐，通过医院和宿舍建筑屋顶的雨水收集系统收集雨水。经过严格卫生处理的雨水提供了我们百来号人团队以及病患的日常饮水和用水。所以，顺理成章的，天气预报和所有储水罐水位的监控都是我每天必须要做的和保持警惕的工作。身处热带的塔里在一般情况下每天都有足够的降水量来维持当地用水。通过储水管理也能熬过几天干旱。

然而，老天爷似乎也希望考验我一下。在我到达塔里项目点开始工作后的第 3 周，我们遭遇了少见的干旱，有大概一周的时间里，每天仅有非常少量的降雨。医院的储水罐到达了第一个临界干旱水位。更糟糕的是，天气预报说干旱可能还会维持更长时间。

经过和项目统筹、首都团队的商议，我们决定采取一系列的措施应对：保持每天对降雨的密切关注、减少洗衣洗澡等非必要用水的使用频次，优先保证病患的卫生用水等。同时，我们制定了两个紧急后备方案：

其一，租用车辆，远距离购买和运输干净水源；

其二，到医院 20 多千米外的溪河中取水。

两个方案都有同样的弊端，远距离买 / 取水会增加项目经费，更重要的是会增加安全隐患（运输过程中没办法百分之百保证车辆和人员安全）；同时溪河水的卫生情况不如雨水，容易引起卫生隐患。

又大概过了四五天，降水情况依然没有得到改善，未来降雨情况不明。储水位接近红色警戒线。通过进一步商议和权衡利弊，我们决定同时启用两套后备方案。我们分别租用了卡车和相应的装备，轮流作业。那几天真是令人寝食难安，我们每隔10分钟就会用手机和对讲机与运输团队进行对话，确保安全和规范作业。而当水顺利到达项目点后，我们也第一时间按照无国界医生的作业流程对水进行卫生处理。由于没有大型吊卸装置，30立方米（约30吨）的水需要耗费后勤团队一整天的时间来运输和处理。就这样，我们获得了"渴望"的水源，又赢得了三四天的缓冲时间。

干旱持续了接近18天，终于，第一场大雨来临。来不及高兴，我马上确保雨水收集系统和储水罐"火力全开"，尽可能大范围地收集雨水。随后的几天，每天的降雨也恢复到了正常水平。当地的同事都非常高兴，我在无国界医生工作生涯的第一次危机也终于解除。我个人也很庆幸，这样的"水"危机在我9个月的塔里任务里再也没有出现过。

其实，除了水，电力的稳定供应也是一个挑战。虽然塔里医院有电缆供电，但是输配电相当不稳定，停电时有发生。如果断电时不能及时恢复供电，又或者连续几天没有输配电，那我们医护同事的工作也会大受影响，进而危及我们对患者的及时救助。两台大型的后备发电装置同样是项目点里的"宝贝"。我和同事们需要定期对它们进行维护，并保证柴油的储存量，保证如果断电，我们能够在足够短的时间内恢复医院的正常供电。在我的塔里任务里，也有过几次零星的"断电危机"。还好我的同事都有足够的经验，经过通力协作，这些危机也都一一化解。

前一秒拥抱，后一秒奔跑

我们所在的塔里依然有很多部落之间的冲突。虽然无国界医生在当地已经有多年的项目经验，但安全问题依然一刻也不能放松。如果有交战所致伤患被送往医院，医生护士们会第一时间冲到紧急手术室，我和后勤同事会第一时间冲到大门，确保武器等安全隐患不能进入医院，病患能够尽快分流到达病房和手术室。我们会通过即时对讲机与所有相关人员进行沟通，确保一切流程尽快且安全地完成。

每到节假日，这种冲突往往迎来"小高峰"。我记得那年的平安夜，我和其他国际救援人员利用简单的食材，每个人做了各自国家的简单菜式，准备在宿舍里好好地庆祝一下。

前半夜，我们过得非常愉快。用手机播放音乐，享受"美

Benaria 村距离塔里医院一个半小时的车程，
无国界医生的外展团队来这里提高人们对性暴力的认识，
让人们知晓医院提供的医疗服务。团队在这里见过两个部落进行和平赔偿仪式。
仪式中人们会谈判对部落斗争中死难者的家人进行赔偿的数额。

图片拍摄：Jodi Bieber

食"，分享各自家乡的趣闻习俗。12 点倒数结束，我们互相拥抱，互道祝福，也感慨自己终于成为项目点的"老人"……彼此拥抱后大概过了 10 秒，客厅里几台对讲机同时传来了医院门口值班保安的紧急呼叫。原来，当地的两个部落在平安夜发生了激烈的武装冲突，有几名刀伤和枪伤患者已经被送到了医院大门口，后面预计还会陆续有伤者送达。我们放下手中美食，不经思考地拿

塔里医院的夜晚，病房里都亮着灯。这里一天 24 小时为暴力的受害者提供紧急护理。

图片拍摄：Yann Libessart / MSF

起对讲机和白袍，马上奔跑至各自岗位（宿舍和医院距离大概 200 米）。那天的冲突比较严重，有很多伤患，医护团队进行了第一时间的抢救和干预。我们则需要对伤患进行分流，并且在当地同事的翻译协助下进行沟通，确保交战双方不能把争斗带至医院等。而作为后勤，在这种紧急时刻，我还需要第一时间确保各个点的安全人员及时到位、确保后备电力系统启动运行，同时更新外围交战详细情况和正在送往医院的病患情报等。

　　这样的夜晚其实并不少，也留给了我很多难忘的记忆。为了确保事件发生后我能第一时间了解情况和处理，后勤团队包

括项目统筹都会 24 小时保持对讲机在线。记得我曾经在深夜到隔壁房间叫醒手术科医生；记得在手术室里我见到医生把手指探进伤患脑中找子弹；记得大家从晚上 11 点一直处理紧急事故到凌晨 4 点，而第二天 7 点半照常早会……记得塔里的很多个夜晚，我在处理完危机后抬头看见的繁星（可惜回到国内后很少再见到繁星了），记得这些疲惫但难忘的事件。

苦 中 作 乐 :
无 国 界 医 生 对 于 我 意 味 着 什 么

9 个月的时间里，虽然有很多难忘的记忆，但这些紧张"激动"的时刻并不是大多数。我的大部分工作是保证每天 / 每周 / 每月的定期工作得到有效执行，例如医院物资的采购、财务对账、仓库管理和更新、医疗设施的定期维护等。

我们也会有定期的休息，约着同事一起到附近打篮球、爬山，一起下棋、烹饪。我从一个新西兰麻醉师那里学会了做柠檬蛋糕，从一个加拿大心理咨询师那里学会了做意大利面，我也教了大家煲广东靓汤。

由于个人的一些原因，我后来没有再参加无国界医生的任务了。塔里的经历，确实有一些年份了，很多记忆依然深刻，也有一些记忆开始模糊和错位。

　　"雁过必留痕"，曾经我挺在意自己的这样一个标签，而现在我更加高兴的是当时我能坚持下来，很好地完成那份工作，在那个被世界"遗忘"的角落，力所能及地帮助了一些人。

2022 年 3 月于广州

附录一

无国界医生 50 年大事纪要

1971 年 12 月 20 日，一群法国医生和记者创立了"无国界医生"——第一个独立的，专门从事紧急医疗援助的人道组织。这群医生绝大部分曾于 1968—1970 年间，参加红十字会在非洲比阿法（Biafra）的工作。成立无国界医生，旨在弥补当时国际救援的不足：直接医疗援助太少，且只能对阻挠提供有效人道救援的法律与行政障碍默默忍受。无国界医生的创立者，也因其意识到传媒的角色能引起公众关心危困中的人群，而在救援工作者群中别具一格。

1972 年   尼加拉瓜：地震灾后救援。

1974 年   洪都拉斯：援助风灾灾民。

1975 年   越南：第一次在战乱地区工作。

1976 年   黎巴嫩：56 名志愿人员在贝鲁特（Beirut）被围困期间，维持该市医院的运作。
               泰国：首个大型难民项目，协助越南及柬埔寨难民。

1978 年   非洲：在西撒哈拉、苏丹和扎伊尔（今刚果民主共和国）等地的难民营工作。

1979 年   泰国：派出 100 名志愿人员前往泰柬边境难民营。

1980 年   阿富汗：首次秘密进入与政府作战地区从事援助。

无国界医生运动开始国际化，曾参与救援的比利时籍医疗人员返国后成立"比利时无国界医生组织"。1980—1985年间，瑞士、荷兰、西班牙、卢森堡的无国界医生组织相继成立。

1984—1985 年　埃塞俄比亚：设置大型营养治疗计划救助饥荒灾民。后因无国界医生谴责当局强迫灾民迁徙及挪调人道救援物资作其他用途，一支工作队被当权者驱逐出境。

1987 年　西欧：针对西欧社会的边缘社群，开设社会及医疗项目。

1988 年　苏丹：紧急呼吁挽救饥荒中的丁卡（Dinka）族人。

1988—1997 年　中国：与香港方面、联合国难民署及其他志愿组织联手，在越南船民及难民营中提供诊所服务。

1989 年　亚美尼亚：地震赈灾。
东欧：开展多项医疗项目，协助政权易手后东欧多国的人民。

1990 年　利比里亚：激烈内战期间，志愿工作队坚持在长达6个星期的完全断绝对外联系的情况下救助伤病者。

1991 年　库尔德（Kurds）族人大逃亡：波斯湾战争后，无国界医生开展了极大规模的难民救援项目。
获颁欧洲人权奖（European Human Rights Award）和费城自由勋章（Philadelphia Liberty Medal）。

1991—1993 年　索马里：内战加剧，导致广泛地区饥荒。无国界医生加强援助工作，并于1993年谴责联合国部队加入武装冲突的做法有违人道原则。

1991—1995 年　南斯拉夫：南斯拉夫解体。无国界医生在前南斯拉夫广泛地区开展救援工作，协助所有受影响的族裔社群。

1992 年，谴责在波斯尼亚 – 黑塞哥维那地区的种族清洗及灭绝人性的罪行。

1994 年，波斯尼亚：在戈拉日代市（Gorazde）被围困期间，无国界医生一直维持工作，是除了红十字国际委员会外唯一留守当地的人道组织。

1995 年，波斯尼亚：在斯雷布雷尼察市（Srebrenica）失守期间，无国界医生是唯一仍留驻当地的救援组织。

1993 年	布隆迪：政变后的杀戮导致难民潮。180 名志愿人员到卢旺达、坦桑尼亚及布隆迪本土协助逃难人群。 因难民工作获颁南森勋章（Nansen Medal）。
1994 年	卢旺达：种族大屠杀。无国界医生在极困难的情况下救伤扶危，并呼吁国际社会对大屠杀进行干预。 扎伊尔：100 万名卢旺达难民聚集在小城戈马（Goma），霍乱病疫暴发，5 万人死亡。无国界医生开展了创立以来最大规模的霍乱防治项目。 安哥拉：继续为被围困于奎托巾（Kulto）的 30 万名平民提供医疗。
1995 年	车臣：为战争期间在车臣境内及逃到邻近地区无家可归的车臣平民提供援助。
1996 年	尼日利亚：为 450 万人注射了脑膜炎疫苗。
1996—1997 年	扎伊尔：内战爆发。联军攻击藏有前卢旺达军人的卢旺达难民营，驱赶难民回国。当中数十万人被追杀逃入荒芜的热带森林。无国界医生尽力协助这些人群，并发表寻索难民去向及目睹人权遭受践踏的报告。

1997 年	朝鲜：给 4 个省份的医院和医疗中心派发药物及培训人员，并设置多所营养治疗中心。 阿富汗：工作队继续进行援助，并于首都喀布尔致力逆转塔利班政权阻挠妇女获得紧急医疗的敕令。 东非：参与控制前所未见的大规模霍乱疫情。
1998 年	苏丹南部：紧急行动救助饥民。 洪都拉斯、尼加拉瓜和危地马拉：紧急援助风灾灾民。
1999 年	科索沃：北约组织袭击塞尔维亚期间，无国界医生在周边的马其顿、阿尔巴尼亚和黑山为科索沃难民提供人道援助，并于停火后重返科索沃支援医疗架构及协助孤立的少数族裔社群。 获颁诺贝尔和平奖。开展"病者有其药"项目。
2000 年	印度尼西亚：协助受教派暴力、种族仇杀影响的平民。 莫桑比克：援助洪灾灾民。 乌干达：对抗高死亡率传染病埃博拉出血热的暴发。
2001 年	几内亚：推动联合国难民署保护困于战火中的塞拉利昂难民。 阿富汗：于英美联军轰炸阿富汗期间，继续维持援助多个省份的医院和诊所，并在伊朗和巴基斯坦的阿富汗难民营提供医疗服务。
2002 年	安哥拉：内战停息。紧急开办大规模的营养治疗项目，救助前战区营养不良的人群。
2003 年	利比里亚：首都蒙罗维亚（Monrovia）被围攻期间，无国界医生一直维持医疗服务，是极少数留守的救援组织。 伊拉克：无国界医生于美伊开战前重返伊拉克，协助治疗伤病者。

连同 4 个发展中国家（马来西亚、印度、巴西和肯尼亚）的公营医学研究机构、法国巴斯德研究所，及世界卫生组织属下的热带病研究项目，创立"被忽视疾病药物研发组织"。

2004 年　　苏丹：紧急救助达尔富尔地区（Darfur）逃避战火的平民，并呼吁国际社会给予大规模援助。

海地：国内爆发派系武装冲突。无国界医生设立创伤中心救助伤者。

2005 年　　安哥拉：协助控制高死亡率传染病马尔堡出血热的暴发。

尼日尔：开设 30 多个营养治疗中心，引入创新疗法，成功治疗了 63 000 名严重营养不良儿童。

克什米尔：地震导致近 20 万人伤亡，300 万人无家可归，巴基斯坦控制的地区受灾尤其严重。无国界医生分发救援物资并设置临时医院，提供外科、急症和重症监护。

2006 年　　黎巴嫩：在受炮火袭击的南部城镇开设临时诊所，并给灾区运送医疗及救援物资。

艾滋病项目：在 30 多个国家共设 65 个项目，照顾超过 10 万名艾滋病病毒感染者，为其中 6 万多名患者提供抗病毒治疗。

2007 年　　索马里：索马里过渡联邦政府与埃塞俄比亚的军队，与伊斯兰法庭联盟等武装力量争战激烈，100 万人流离失所。无国界医生持续在索马里中部、南部 11 个地区中的 10 个提供医疗服务。

2008 年　　肯尼亚：总统选举后爆发暴力浪潮，无国界医生为受伤民众提供医疗援助。

缅甸：风暴纳尔吉斯（Nargis）肆虐。在外援受阻迟迟未能进入重灾区伊洛瓦底三角洲（Irrawaddy Delta）期间，无国界医生调动当地人员为 1 100 多个村落提供了紧急援助。

中国：向汶川地震灾民提供医疗援助及心理健康支援。

巴勒斯坦：为加沙地带因军事冲突受伤的平民提供紧急外科医疗救援。

津巴布韦：暴发严重霍乱疫情。连续多月，无国界医生是唯一能进入全部疫区进行救援的组织，至 2009 年初共诊治患者超过 45 000 名。

2009 年   菲律宾、萨摩亚群岛、印度尼西亚、印度：接连发生风灾、海啸、地震和洪水等多场天灾，无国界医生展开紧急救援。

阿富汗：重返阿富汗工作。

苏丹：面对袭击、绑架和苏丹政府驱逐无国界医生两个行动中心离开达尔富尔地区等种种困难，无国界医生医疗队继续在达尔富尔 5 个地区及苏丹南部五省和东北部的苏丹港提供援助。

斯里兰卡：于激烈内战期间为近 4 000 名伤者施行了手术，而后于安置营区外开设医院处理转介的病例，也为当地医院提供支援。

2010 年   海地：紧急援助大地震生还者。

2011 年   中东和北非内乱：政治抗议活动席卷非洲（利比亚、突尼斯和埃及）和中东（叙利亚、也门、巴林），无国界医生为治疗伤员的医院和医疗机构提供物资和协助。无国界医生还帮助在毗邻国家寻求庇护的人。

2012 年   南苏丹：独立后的一年，这个非洲最新的国家面对暴力冲突、大量难民从苏丹涌入以及疫情暴发，包括腹泻、戊型肝炎、疟疾和营养不良。无国界医生尝试在缺乏国际支持的情况下应对当地的各种需要。

2013 年   菲律宾：在超强台风海燕吹袭后开展紧急应对。

2014 年　　西非：有史以来最严峻的埃博拉疫情暴发，受影响的 6 个西非地区国家中，最终有 11 300 多人因此丧命，包括 500 多名医护人员。疫情肆虐期间，无国界医生招募了近 4 000 名当地人员和超过 325 名国际人员。无国界医生多个埃博拉治疗中心共收治了 10 376 名病人，当中 5 226 人确诊埃博拉。疫情最后于 2016 年 6 月结束。

2015 年　　地中海：每一年，成千上万的人为逃离战火、迫害和贫困，冒险试图穿越地中海，无数的生命在无比危险的旅途中消逝。自 2015 年 5 月起，无国界医生在地中海中部参与搜救，或在搜救行动中提供医疗支持。截至 2020 年 8 月 29 日，无国界医生团队共协助了超过 81 000 人。搜救行动暂停数月后，无国界医生自行租用救援船 Geo Barrents 号，2021 年 5 月 12 日正式重启在地中海中部的搜救行动。

2017 年　　孟加拉国：罗兴亚人在缅甸若开邦被针对性攻击后，自 8 月 25 日开始，有超过 65 万人逃往邻国孟加拉国。大部分人都在难民营极差的环境中生活。有鉴于此，无国界医生扩展了在当地的工作，包括为难民提供伙用水、卫生设施和医疗服务。

2020 年　　"新冠"全球大流行：新型冠状病毒引发了在全球大流行的疫情，仅在 2020 年，已有近 8 500 万人感染新冠，近 200 万人死亡。面对日益严峻的医疗救援挑战，无国界医生竭力确保患者能继续获得医疗护理，同时在世界各地协助应对疫情——不论是我们已经开展项目的地方，还是过去曾开展工作的国家。此外，我们也促请药企切勿借疫情牟利，并确保疫苗的公平分配。

附录二

加入无国界医生救援人员的行列

无国界医生欢迎各国的医疗人员和非医疗人员加入，参与组织在全球约 70 个国家和地区的工作，为活在危难中的人提供医疗照顾。

参与无国界医生工作的人员，需认同无国界医生章程列明的独立人道救援原则。有鉴于无国界医生的专业性质及资源的有效运用，我们现在只会招募具有下列条件的人员：

- -

1. 拥有两年或以上的专业工作经验。

2. 必须操流利英语或法语。

3. 富良好的团队精神。无国界医生的救援人员需长时间在一起工作和生活。基于居住环境相对落后，私人空间较少，救援人员的包容性、弹性，以及愿意与不同国籍和文化的人士相处，极为重要。

4. 除与外科有关的专业外，医疗专业的救援人员若不曾接受热带病学训练，或缺乏有关的工作经验，需于出发前自费修读热带病学课程。

5. 无国界医生工作的环境，包括有发生武装冲突的地区。救援人员须愿意接受在高危的环境下工作。

6. 通常非医疗人员的任务为期 6~9 个月，医疗人员的任务为期 6~12 个月；外科医生、妇产科医生和麻醉科医生则通常参与为期 2~3 个月的任务。

无国界医生应每年各地的人道需要来招募志愿工作者。

对每个时期之不同专业的具体需求，请查访网站：msf.org.cn。

以下为无国界医生香港办事处于 2023 年招募的各种专业人员，以供参考。

医疗人员

◎医生

◎外科医生

◎麻醉科医生

◎妇产科医生

辅助医疗人员

◎手术室护士

◎助产士

◎精神健康专家 / 心理学家

◎化验室技术人员

◎流行病学专家

非医疗人员

◎后勤人员

◎行政人员 / 人力资源人员 / 财务管理人员

◎水利卫生人员

附 录 三

无 国 界 医 生 章 程

无国界医生是一个国际的非政府组织，其成员主要为医生和其他医务人员，也欢迎有助于组织完成自身使命的其他专业人员参与。全体成员同意遵循以下准则：

无国界医生不分种族、宗教、信仰和政治立场，为身处困境的人们以及天灾人祸和武装冲突的受害者提供援助。

无国界医生遵循国际医疗守则，坚持人道援助的权利，恪守中立和不偏不倚的立场，并要求在其行动中不受任何阻挠。

全体成员严格遵循其职业规范，并且完全独立于任何政治、经济和宗教势力之外。

作为志愿者，全体成员深谙执行组织的使命所面临的风险和困难，并且不会要求组织向其本人或受益人作出超乎该组织所能提供的赔偿。

特 约 编 辑 手 记

"请问你是怎么知道无国界医生的呢？"

"很早之前，我读过一本由无国界医生前线工作人员写的书。"

在无国界医生北京办公室工作多年，每每听到人们谈起《无国界医生手记》，心弦都会为之触动，尤其是当我知道有人在大学时代读到这本书，从而萌发了加入人道工作的志向，并在工作几年后真的加入了无国界医生的前线工作时。

几年来，我们也多次听到读者反馈，希望重印这本书，希望看到更多无国界医生的故事。于是，我们现在推出了新版的《无国界医生手记》，保留了一些曾经让我们为之痛心、揪心、振奋的过去的故事，也增加了11篇新的故事，作者来自北京、山东、广东、湖北、上海、新疆……让人一窥就来自我们身边的救援人员的风貌，他们的文字或严谨理性，或活泼张扬，或温婉。

希望这本书，能带你走进无国界医生的世界。也许会有一天，你也会是讲述故事的人。

魏保珠

2023 年 8 月

图书在版编目（CIP）数据

无国界医生手记 / 无国界医生救援人员著 . -- 长沙：
湖南科学技术出版社，2024.1（2024.7 重印）

ISBN 978-7-5710-1873-3

Ⅰ . ①无… Ⅱ . ①无… Ⅲ . ①人道主义—对外援助—
概况—中国 Ⅳ . ① D822.2

中国版本图书馆 CIP 数据核字（2022）第 210272 号

WUGUOJIE YISHENG SHOUJI

无国界医生手记

无国界医生救援人员　著

出　版　人：潘晓山

责任编辑：李文瑶　姜　岚

特约编辑：魏保珠

书籍设计：彭怡轩

出版发行：湖南科学技术出版社

社　　　址：长沙市芙蓉中路一段 416 号泊富国际金融中心

网　　　址：http://www.hnstp.com

邮购联系：0731-84375808

印　　　刷：长沙超峰印刷有限公司

　　　　　　印刷质量问题请直接与本厂联系

厂　　　址：宁乡市金州新区泉洲北路 100 号

邮　　　编：410600

版　　　次：2024 年 1 月第 1 版

印　　　次：2024 年 7 月第 2 次印刷

开　　　本：1230mm×880mm　1/32

印　　　张：9.5

字　　　数：175 千字

书　　　号：ISBN 978-7-5710-1873-3

定　　　价：69.00 元

ISBN 978-7-5710-187